AF411380

OUVRAJES

DE

MORALE & de POLITIQUE,

PAR

M^r. L'ABÉ DE SAINT PIERRE,

De l'Academie Francèze.

TOME XIV.

CONTENANT.

Discours sur l'Économie Bienfaizante.

Lettre sur la Métode des Extraits.

Discours pour perfexioner l'Educasion dans les Pansions.

Discours sur le Grand Homme, Nouvelle Edision.

Témistocle & Aristide ou Modéle pour Perfexionner les Vies de Plutarque.

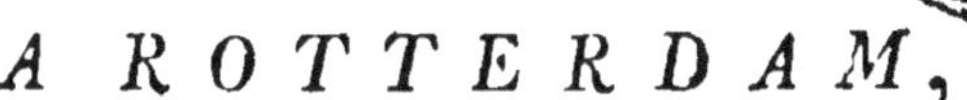

A ROTTERDAM,

Chez **JEAN DANIEL BEMAN.**

1740.

ECONOMIE
BIENFAIZANTE.

PLus je confidére les grans & bons effets de l'Economie bienfaizante, plus je trouve qu'elle eft importantte pour augmenter le bonheur de chaque particulier; Ainfi je fuis etoné qu'elle ne nous foit pas recommandée autant qu'elle le mérite par les Auteurs qui ecrivent fur la vie hureuze.

l'Econome bienfaizant n'eft pas moins atantif à dépanfer avec réfon, qu'à epargner avec réfon de quoi dépanfer *utilemant*, il n'eft pas moins atantif à augmanter fes revenus avec rézon qu'a les conferver dans leur antier, il fuit la Rézon dans tout ce

qui regarde ſes revenus & ſa dépanſe.

Suivre la Rézon c'eſt faire ce que
nous conſeillent nos trois vertus fondamentales, Prudance, juſtice & Bienfaizance, tant pour ſon propre bonheur que pour le bonheur de ſes proches & de ſes autres concitoyens, &
pour mériter le Paradis pour ſes bienfaits.

l'Econome ne hazarde point ſon
neceſſaire, ce ſeroit inprudance, mais
pour augmanter ſa fortune il hazarde
ce dont il peut ſe paſſer, & c'eſt prudance : Tel eſt le Marchant ſanſé, le
Laboureur prudant qui hazarde lors
qu'il y a beaucoup à gagner & peu à
perdre, & là ou il y à beaucoup plus à
parier pour le gain que pour la per-
te.

Augmanter ſa fortune par des moyens injuſtes c'eſt une Economie vi-
cieuze & inprudante, parce que les injuſtices ſont punies dèz cette vie &
dans la vie future.

De là il ſuit que le particulier qui
epargne & qui augmante ſon revenu,
mais qui traite mal ſa femme, ſes anfans, ſes domeſtiques, ſes inférieurs,
ſes

fes voizins, loin de pratiquer la vertu, fait injuftices, puis qu'il fait *contre* un autre ce qu'il ne voudroit pas que l'on fit *contre* lui s'il etoit à leur place; ce n'eft pas Economie digne de loüange, c'eft avarice digne de blâme.

Celui qui avec fon Economie va juf-qu'au bout de l'année fans anprunter, fans devoir rien aux marchards, mais fans rien donner aux familles malhu-reuzes, fans faire crédit à fes debi-teurs, fans aucune libéralité, n'eft que jufte, mais il n'eft pas bienfaizant ; Ainfi il ne mérite ni loüange ni aucune autre récompanfe, ni en ce monde, ni en l'autre.

Celui qui epargne fur fa dépanfe la dixième partie de fon revenu, & qui par ce moyen fait crédit à fes debiteurs, foulaje de pauvres familles & fait de petits prézans qui font grand plézir, fur tout quand ils font bien placez, fe procure une réputation précieuze & plufieurs agrémans dans cette vie, & amaffe de bonnes œuvres qui font le feul fondemant de l'efpérance du Para-dis, efpérance qui par elle mème, lors qu'elle eft vive & fréquante, eft un des plus grans plézirs de la vie prézante.

 Cet

Cet Econome evite aizémant de petits procèz avec des perſonnes injuſtes en relachant par bienfaizance ſur ce dizième quelque choze de ſes droits, & rand ainſi ſa vie douce & ſans contanſion.

Les pertes inopinées qu'il fait dans ſon revenu, lorſqu'elles ſont au deſſous de ce dixième, ne lui ſont pas fort ſanſibles.

Il en eſt plus facilemant bon mari, bon ami, bon maître, bon voizin, quand il leur rand plus qu'il ne leur doit.

Il ſera ainſi & paſſera pour homme de bon comerce qui rand toujours plus qu'il ne reſoit, & ſera toujours plus *déziré* que les autres, ce qui eſt d'un grand agrémant journalier dans la vie.

Sa réputation de juſte & de bienfaizant lui randra faciles des afaires que les autres trouvent trèz dificiles, & ce ſont des plézirs trèz ſanſibles.

Si l'Econome epargne, s'il conſerve c'eſt avec rézon, puiſque c'eſt pour lui & pour les autres, s'il augmante ſes revenus, c'eſt avec rézon pour avoir le plézir d'être ancore plus Bienfaizant.

l'El'Econome vertueux évite les dépanſes de vanité & de magnificence ou l'on ne prouve aux autres que la grandeur de ſes revenus, il ſe pique d'épargne & d'Economie; parce qu'il veut avoir dequoi pratiquer la Bienfaizance.

OBJEXION I.

Ce projet d'Economie que vous propozez de rezerver le dixiéme de ſon revenu pour être plus que juſte, pour devenir d'un comerſe trèz dézirable, pour avoir le plézir le long de l'année de faire pluzieurs grans plézirs à de pauvres familles, pour avoir le plézir de faire de petits prézans, pour éviter avec les marchans, avec les ouvriers & avec des voizins injuſtes des contestations, en cedant ou en donnant un peu plus que le juſte pour avoir la paix, & le plézir d'eſpérer de grandes récompanſes dans la vie future. Ce projet, disje, ſeroit trèz facile à exécuter pour une perſonne qui n'a point ancore fait l'etat de ſa dépanſe ordinaire, ou a qui il vient d'arriver une ſucceſſion; Mais vous m'avouerez qu'un pareil projet ſera trèz dificile pour une autre per-

 ſonfonne qui depuis longtems a formé fa maifon & fon etat de dépanfe annuelle en nombre de domeftiques & de chevaux fur le total de fon revenu efectif, & même fouvant un peu au delà de ce revenu annuel, bien loin d'en rezerver le dixième pour les plézirs de la vertu de bienfaizance.

Car pour faire un retranchemant pareil dans fa dépanfe, il faudroit que par des retranchemans il avouât publiquemant, qu'il s'etoit méconté, foit fur le montant de fon revenu, foit fur le montant de fa dépanfe ; car ce retranchemant eft un aveu formel de ce méconte, & cet aveu eft trèz pénible & honteux pour quiconque veut être eftimé plus fage & plus riche en revenu que fes pareils.

REPONSE.

Je conviens que cette Dame, que ce Ségneur fera eftimé moins riche par le peuple qui eftime les hommes par la quantité de leur revenu, par la grandeur de leur dépanfe ; Mais vous m'avouërez qu'avec le retranchemant de la dixième partie de fa dépanfe elle fera eftimée par les connoiffeurs beaucoup
plus

plus bienfaizante que fes pareilles, & que par les œuvres de bienfaizance envers fes proches, fes voizins & anvers les pauvres, elle aura beaucoup plus de droit d'efpérer dans cette vie plus d'eftime, de confidération & d'affexion de la part des perfonnes avec qui elle eft en comerce, & de la part des plus fages & des plus vertueux, & plus de fondemant d'efpérer le Paradis dans la vie future, que celles de fes pareilles en revenu qui n'ont pas deftiné cette dixième partie de leur revenu en œuvres de bienfaizance & pour des dépanfes neceffaires trèz inprévuës.

Si l'on veut bien examiner les fources de la corrupfion de nos mœurs, on verra que la plus fréquante vient du défaut d'Economie du dixième de fon revenu, pour pouvoir faire des œuvres de bienfaizance & pour devenir ainfi plus jufte & plus honnète homme, pour devenir ainfi femme plus jufte & plus vertueuze, & fur ce pied là il fànble que l'Economie eft une vertu fondamentale qu'on peut faire pratiquer par les anfans, en leur faifant epargner tous les mois le dixème de leur argent, & en le leur faifant anploïer

A 4

en

en petits prézans & en petites aumones: Or par cette raizon cette vertu
devient plus rare dans le comerce des
jeunes gens mal élévez à la vertu.

OBJEXION II.

Vôtre conseil est trèz raizonable,
on n'en seroit que plus hureux en cette vie prézante & dans la vie future si
on le suivoit, j'en conviens, mais je
ne suis pas la maitresse de la dépanse
de la maison, c'est mon mari.

REPONSE.

1. Ce conseil vous regarde aussi, puis
qu'il regarde ce que vous dépansez au
jeu & en habits; Or pourquoi ne pas
epargner au bout de chaque mois, au
bout de chaque année un dixième de
cette dépanse pour avoir les moyens
de pratiquer davantage la bienfaizance:
Cette pratique seroit, si vous voulez,
le denier de la veuve, mais elle n'en
seroit que plus méritoire & à l'égard
du Monde & à l'égard de Dieu.

II. Vous qui trouvez ce conseil si
rézonable ne dézireriez vous pas que
votre mari le suivit pour en être plus
estimable? Or pouvez vous jamais lui
don-

donner ce conſeil avec plus d'eloquan-
ce & le randre plus perſuazif qu'en
lui laiſſant voir que vous le prati-
quez?

III. Vous qui convenez que pour
obtenir le Paradis il faut au moins pratiquer l'eſſantiel de notre religion, &
que l'eſſantiel conſiſte dans la pratique
de la charité bienfaizante contenuë
dans l'unique precepte raporté dans
St. Mathieu 7: 12. *Faites donc* POUR
*les autres tout ce que vous voudriez qu'ils
fiſſent* POUR *vous s'ils étoient à votre
place & vous à la leur, car en cela conſiſte
la Loi & les Profètes.*

Ce qui eſt Loi révélée eſt auſſi Loi
démontrable par les lumieres de la Loi
de la Rézon univerſelle, & c'eſt en
quoi conſiſte la Loi naturelle, en vertu
de laquelle les juſtes & bienfaizans
qui vivoient avant la Révélaſion ont
obtenu le Paradis.

Or vous paroit-il raizonable d'hezi-
ter dans le choix de l'anploi de votre
dixième, quand vous pouvez en aquérir une grande récompanſe eternelle des plézirs eternels, vous dont
l'eſprit eſt un Etre ſanſible & immortel, & qui comme plus parfait ſubſi-

A 5

ſtera

ftera au moins autant que la matière de votre corps qui, quoique moins parfaite, fubfiftera eternellemant?

Celui qui fe contante de randre ce qu'il doit, mérite t'il quelque loüange ou quelque récompanfe ? Celui qui pour plaire à l'Etre infinimant parfait, fait plus pour les autres qu'il ne leur doit, ne mérite t'il pas feul & loüange de la part des hommes, & récompanfe de la part de Dieu?

Ces reflexions ne s'adreffent ni a ceux qui font affez malhureux pour ne rien efpérer aprèz leur mort, ni a ceux qui n'ont jamais fait atanfion aux qualitez effantièles à l'honnète homme, ils ne voudront jamais epargner dequoi exercer la bienfaizance, fans la quelle neanmoins on ne peut ni fe faire dézirer en cette première vie, ni obtenir le bonheur deftiné aux bienfaizans dans la vie future.

SANTIMANT DE PLINE.

A propos de cette pratique économique qui regarde le retranchemant de la dépanfe ordinaire, pour avoir dequoi exercer la libéralité & les autres parties de la bienfaizance. Un des amis

de Pline le jeune le loüoit dans une de
ſes lettres d'un grand prézant qu'il
avoit fait à une perſonne de mérite, en
lui diſant qu'il ne comprenoit pas commant avec ſon revenu il pouvoit faire
ſi ſouvant des prézans & des aumones
ſi conſidérables : Voici ce que Pline
lui repondit.

*Ce qui me manque du coté du revenu
pour faire de petits prézans le long de l'année, je le trouve dans la frugalité de ma
dépanſe journaliére & dans la médiocrité
de mon domeſtique, ſource la plus aſſurée
de la libéralité.* Il paroit par cette réponſe que Pline aimoit beaucoup mieux
ſe diſtinguer par un peu de liberalité
que par beaucoup de magnificence.

✿✿✿✿✿✿✿✿✿✿✿✿✿✿✿✿✿✿✿✿✿✿✿✿

LETTRE
SUR LES
EXTRAITS.

JE voi avec plézir, Madame, par vos deux pages d'Extraits de plusieurs bons Auteurs, que vous avez anfin pris le moyen le plus propre pour augmanter beaucoup en peu de tems votre efprit, & fur tout votre difcernemant qui eft deftiné à découvrir dans la conduite journalière, ce qui eft de plus utile au bonheur de votre vie prezante, & de votre vie future. C'eft que l'efprit qui manque de ce difcernemant, & qui ne va pas vers le plus inportant au bonheur, eft l'efpèce d'efprit le moins eftimable, il s'égare & égare les autres, en s'eloignant de la Rézon Univerfelle qui ne tand qu'à l'augmantafion du bonheur.

Vous allez donq augmanter tous les jours fanfiblemant votre Rézon, votre Sageffe ; Or votre Sageffe peut elle augman-

gmanter tous les jours dans la fpecu-
lafion qu'elle n'augmante auffi un peu
dans la pratique, & cette pratique de
Rézon peut elle augmenter fans voir
augmanter auffi votre bonheur, c'eft
à dire, fans joüir avec plus de calme &
de fanfibilité de tous les plézirs innofans de votre condifion, & fans avoir
auffi une efpérance plus vive & plus
agréable d'un avenir délicieux, & par
conféquant fans avoir des confolations
fufizantes pour moins foufrir les petits
maux, & pour mieux gouter les déplaizirs paffajers de cette vie.

Par le nombre & la nature de ces
Extraits, il m'a paru que vous êtes un
peu plus touchée des panfées agréablemant ecrites, que des panfées, ou il
y a plus d'utile que d'agréable.

Les anfans, à cauze de leur peu de
Raizon, cherchent plutôt l'agréable
prézant, que l'utile qui eft un plus grand
agréable, qui n'eft qu'avenir. Ce qui
feroit à dézirer, c'eft que les bons Auteurs joigniffent toujours le trèz utile,
au trèz agréable, & s'eforfaffent à
donner plus d'agrémant aux panfées
les plus utiles.

C'eft

C'eſt un défaut de Sageſſe & de Raizon, de donner trop d'eſtime à l'agréable prézant, & d'eſtimer peu le plus utile qui eſt beaucoup plus agréable, & plus durable, mais qui n'eſt que futur.

Le Sage ranplit le plus qu'il peut la plus grande partie de ſa vie de plézirs innoſant, antre lesquels il compte le plézir que donne l'eſpérance d'une vie heureuze & eternelle, que l'on ne peut aquérir que par des œuvres journalieres de Juſtice & de Charité bienfaizante.

Utilité de cette Métode.

I. Faire des Extraits des bons livres de Morale eſt une occupation qui, d'un coté, vous deviendra auſſi facile & du moins auſſi agréable que vos ouvrages des mains, & de l'autre, incomparablemant plus utile.

II. Vous ſerez bien moins dépandante de la Société du grand monde, vous ſaurez que vous retrouverez avec plézir votre cabinet, & les belles panſées des plus grans Eſprits qui vous ont précédé, & quand vous ſerez

moins

moins dépandante & avec plus de merite, vous en ferez plus dézirée de vos amis.

D'ailleurs le grand monde eft fouvant d'une grande dépanfe, & ne convient guères aux femmes quand elles aprochent de trante cinq, ou quarante ans, parce que les hommes ont plus d'atanfion pour les plus jeunes, & pour les plus belles : Cependant fi les Dames n'ont commanfé dèz vint ans ou vint deux ans à cultiver leur Raizon par la métode des extraits des bons livres, elles demeurent toute leur fvie dans l'anfanfe fur beaucoup de fujets inportans, & ce font à la fin tout au plus ce qu'on nomme des Caillettes de quartier, fans autre diftinxion entre leurs pareilles; C'eft que l'efprit ne s'elève que par le commerce journalier avec les perfones ou du moins avec les ouvrages d'un efprit elevé.

III. Ces Extraits, fur tout fi vous les rélizez de trois en trois mois, vous mettront bien mieux en etat de converfer agréablemant avec les hommes les plus fpirituels & les plus fanfez qui font la réputation des autres, il vous fera plus facile de leur faire des

ques-

queſtions convenables & inportantes, & de profiter ainſi agréablemant de toutes leurs découvertes, & de leurs lumières.

IV. A force de voir de beaux endroits on ſe forme, ſans y panſer, le goût du beau, du grand, du plus eſtimable, & l'on aperſoit bien plus facilemant les défauts de juſteſſe de pluſieurs beaux morceaux, & les moyens de les rectifier.

V. Quand vous aurez ainſi cultivé votre Rézon deux ou trois ans de ſuite, vous vous aperſevrezvous mêmes, par la comparaizon de vos premiers Extraits, & de vos premieres Reflexions avec vos nouvelles Réflexions, de l'accroiſſemant de la juſteſſe de votre eſprit ; Mais ce qui eſt de plus inportant, vous vous apercevrez, & les autres ancore plus que vous s'apercevront de l'accroiſſement de cette partie de la bienfaizance que l'on nomme politeſſe, ou comerce agréable & ut .

Cette diſtinxion vous procurera beaucoup d'agrémans dans cette première vie, & la pratique de cette bienfaizance pour plaire à Dieu vous don-

donnera beaucoup de contantemant prézant, & beaucoup plus de fondemant pour efpérer les joyes de la vie future, & vous ferez ainfi en peu de tems beaucoup plus hureuze, & beaucoup plus eftimable & aimable que vous n'ètes.

Je vous felicite, Madame, de ce que vous avez trouvé le moyen de vous aproprier ainfi les panfées les plus précieufes des plus grans, & des plus beaux efprits; Vous vous amuzez agréablemant en vous inftruizant de ce qu'il y a de plus inportant, au lieu que les Dames qui lizent fans rien écrire de ce qu'elles lizent, avancent peu du coté de la Rézon, & ne panfent prefque en tout que comme des anfans, & ne parviennent qu'à un degré de réputafion & de bonheur peu dézirable en comparaizon du degré ou elles feroient arrivées, fi elles avoient anployé plus utilemant leur tans.

Moyens de perfexioner la Métode des Extraits.

I. Ceux qui ne cherchent, non plus que les anfans, que des plézirs pré-

 fans

sans sonjer à l'avenir, ne lizent que
des Romans, des Comédies, des
Contes de Fées, nouriture d'anfans,
mauvaife nouriture & propre à randre l'ame inpafiante, malfaine; Auffi
n'ont ils rien à obferver, ni à retenir
de ces fortes d'ouvrages.

De là il fuit que pour augmanter
votre fageffe, c'eft à dire pour per-
fexionèr votre difcernemant fur le
bon & fur le meilleur, fur l'utile &
fur le plus utile, vous devez plutôt
choizir de faire des obfervations fur les
livres des Filozofes moraux, ou il y
a plus de Rézon que fur les autres.

C'eft la Rézon la plus eclérée fur
les biens & fur les maux, qui nous
eft la plus inportante pour nous conduire vers le plus grand bonheur, foit
pour cette première vie pour multi-
plier & augmanter nos plezirs, foit
pour obtenir un bonheur eternel dans
la fegonde vie, par la pratique des œuvres diverfes & journalières de juftice & de bienfaizance, pour imiter l'E-
tre bienfaizant qui nous donne libé-
ralement tous nos petits & nos grans
plézirs.

II. II

II. Il y a des livres ou la Rézon eſt ſouvant mèlée avec le Fanatiſme des ignorans ; C'eſt à vous avec votre bon eſprit d'en extraire les androits les plus raizonables & les plus utiles, & il vous arrivera même que des panſées communes, fauſſes, inutiles vous en feront naître de nouvelles, de juſtes & de fort inportantes, que vous aurez ſoin d'écrire , & qui vous feront plus utiles que des panſées des autres lors qu'elles n'ont pas ancore eu le loizir de devenir antièremant les vôtres

Comme on a plus de loizir à la Campagne, vous pouvez mettre ce ſéjour beaucoup plus à profit pour avancer les découvertes que le ſéjour de la ville, qui ſert à rectifier par la communication, ce que l'on a trouvé à la Campagne par la méditation & par la lecture.

III. Les androits des livres ou l'on ne trouve que de l'agrémant & de l'eſprit ne valent pas toujours la peine d'être copiez, mais ſeulemant ceux ou l'utile & le raizonable eſt lié avec ce qui s'y trouve d'agréable.

                    IV.

IV. Il seroit à souhaiter, pour augmanter votre esprit & votre sagesse, que vous sissiez vos efforts pour embellir ces beaux & bons endroits que vous aurez extraits, & pour les randre ancore plus utiles par des nouvelles aplications à la conduite journalière, pour pratiquer plus exactemant, plus fréquemmant & tous les jours la Justice & la Bienfaizance.

Il y a de bons Livres qu'il sufit de lire une fois, il y en a d'autres dont il est utile d'en lire & d'en rélire plusieurs Chapitres toute la vie, & sur tout vos propres recueils, lors que vous les aurez perfexionnez dans cinq ou six ans.

V. Vous profiterez moins de vos bonnes Observations, en multipliant vos lectures, qu'en ajoutant vos méditations sur ce que vous avez déja observé.

VI. Une preuve que vous aurez fait du progrez dans la Sagesse, c'est si vous diminuez tous les ans le nombre de vos observations agréables pour augmanter le nombre des plus utiles.

Sou-

Souvant le brillant peu utile nous féduit au point que nous le préférons au plus utile; C'eſt anfance de l'Eſprit, C'eſt manque de diſcernemant; C'eſt inprudance de préférer le bel Eſprit au bon eſprit.

VII. N'écrivez que les véritez qui conſolent ou qui donnent de la joye, qui eſt la ſeule choze dézirable; C'eſt ce que nous conſeille la véritable Sa-geſſe, amuzemans journaliers, plézirs innoſans, joyes innoſantes, eſpérances immanſes.

Diférances antre les panſées belles & les panſées jolies.

Il faut diſtinguer deux ſortes de pan-ſées; Les unes expriment des ſantimans ſoit nobles & élévez, ſoit bas & mé-prizables : Les autres n'expriment que des véritez ou des maximes gé-nérales. Je parlerai ailleurs des ſanti-mans qui s'expriment par les paroles mêmes de ceux que l'ont fait parler.

L'idée du Beau dans tout ce qui plait à l'eſprit, anferme l'idée de quel-que choze de grand, d'inportant à l'augmantation du bonheur.

 L'i-

L'idée du joli dans ce qui plait à l'efprit ranfrme l'Idée de quelque choze de petit, de peu inportant.

Ainfi une panfée eft belle à proporfion qu'elle paroit ranfermer quelque choze de nouveau, de grand, d'inportant.

Une panfée eft jolie à proportion qu'elle paroit nouvelle, Jolimant exprimée, & fur tout à la portée de ceux qui la lizent.

De là il fuit que ce qui eft Beau ou joli à certain degré ne l'eft prefque jamais au même degié pour les lecteurs de diférans degrèz de lumière; Car ce qui eft trêz nouveau pour les uns, ne l'eft pas pour d'autres, & même eft fouvant trèz commun pour quelques autres.

Les jolies panfées, ou il n'y a que de l'Efprit, & qui ne font que des véritez peu inportantes, plaizent fur tout à ceux qui ne cheichent à briller que par la nouveauté, par l'Efprit.

Celles ou il y a du bon Efprit, de l'utile, de l'inportant au bonheur, qui font propres à faire gouter la fupériorité que donnent la douceur, la patiance, le pardon des injures, l'indul-
gen-

gence pour les défauts, l'atantion à faire plézir à tout le monde, sur tout aux plus malhureux & à ceux à qui nous devons le plus. Voilà les plus belles.

Le grand Esprit, le grand savoir, le grand pouvoir ne sont point des qualitez estimables ni loüables qu'a proportion qu'elles sont anploïées à l'augmantation du bonheur des autres : Car ces prétandus grans avantages seroient trèz pernicieux & trèz odieux s'ils ne servoient qu'à augmanter les malheurs de nos concitoyens.

Cet Extrait est d'un Livre Anglois du Docteur Suif, fait par Madame la D. D.

PENSEES BELLES.

I.

Celui qui avouë qu'il a eu tort ne prouve t'il pas avec modestie qu'il est dévenu plus raizonable, & par conséquant plus estimable.

I I.

Un moyen seur d'avoir un grand
B 4

avan•

avantage & une grande fupériorité fur celui qui nous ofance, c'eſt de l'excuzer & de lui pardonner.

I I I.

Lors que l'on voit un pauvre fort touché de reconnoiſſance, on peut juger qu'il pratiqueroit volontiers la générozité, s'il étoit riche.

I V.

Rien peut-il paroître fort grand fur la terre à celui qui mezure ſon ambition à ſon inmortalité?

V.

Lors qu'un malhureux eſt ſécouru, lors qu'une perſonne de mérité & modeſte eſt placée, lors qu'une axion de vertu eſt publiquemant récompaniée, l'homme de bien en ſant de la joye ; C'eſt que le bonheur des autres eſt bonheur pour le bienfaizant.

V I.

S'il y a des opinions populaires qui méritent d'être examinées par ceux,

qui

qui ont plus de lumières que les autres,
ne font ce pas celles que perfonne n'exa-
mine?

PANSEES JOLIES.

I.

Une femme ne devroit pas plutôt fe
croire fort eftimable pour fa grand beauté, qu'un Miniftre fe croire fort loüable pour fon grand pouvoir.

I I.

Les panfées diférantes doivent être
difpozées dans un Poëme comme les
diverfes fleurs dans une guirlande, il
faut choizir les plus belles, & puis les
aranger de façon qu'elles fe prètent
mutuellement du luftre.

I I I.

Les femmes qui ne font que jolies
ne font fouvant que des enigmes qui
amuzent les curieux jufqu'à ce qu'ils
les ayent dévinées.

I V.

L'agrémant de la converfation n'eft

 d'ord'ordinaire qu'un exercice délicat de difcours de Politeffe, ou il ne faut pas chercher une exacte vérité.

V.

Un moyen feur de plaire à celui qui parle, c'eft d'appuyer fon avis.

V I.

Qui font ceux qui doivent être le plus foupfonnez du caractère du fripon ? Ne font ce pas ceux qui vivent volontiers avec lui ?

QUESTION.

La quelle choiziriez vous antre les belles ?

La quelle choiziriez vous antre les jolies ?

AVERTISSEMANT.

Voici ancore un extrait de quinze ou feize Santances morales fur les quelles on demande les deux qui vous plèzent le plus, & les deux qui vous paroiffent les plus inportantes.

I.

Toutes les panſées eſtimables doivent vizer à l'augmantation du bonheur.

I I.

Il faut de la ſolitude pour réfléchir, pour faire des Obſervations ; Car c'eſt avec les réfléxions & avec les Obſervations ecrites ſur les ſujets les plus inportans, que l'on peut donner plus de force & de lumière à l'Eſprit.

I I I.

Plus on eſt jeune, plus on aime à gouter dans les Villes les plézirs innoſans de la ſocieté, plus on viellit, plus on eſt propre à gouter les plézirs tranquilles de la Compagnie & de la retraite.

I V.

La vie mêlée de ſolitude & de Societé, eſt la plus ſantie, la variété plait ; Ainſi elle augmante le bonheur.

V.

V.

Il faut quitter avec regrèt ce qui plait pour être feur de le rétrouver avec plézir.

V I.

Sans le facheux reméde de la privation, les jeunes gens uzent de bonne heure leurs gouts innofans, & fans gout il n'y a plus de plézirs à efpérer.

V I I.

Le Saje ne fait que paffer d'un plézir à un autre, il fait ainfi mieux qu'un autre randre fa vie hureuze.

V I I I.

L'amitié la plus agréable & la plus eftimable eft celle d'un mari & d'une femme dont la plus grande ambition eft de difputer entre eux tous les jours à qui fera plus de Sacrifices à l'autre, tant pour ne point déplaire, que pour lui faire plézir, en forte que chacun craigne d'être furpaffé en atantion & en complaizance.

I X.

I X.

Le plus complaizant antre Epoux,
le plus atantif à plére est certainemant
le plus estimable, le plus rézonable
& le plus hureux.

X.

La vivacité du goût va en diminu-
ant, alors la Raizon vient au secours.
On fait par réconnoissance & par ambition vertueuze, ce que le goût seul
faisoit faire dans les premiers tems.

X I.

J'apelle ambition vertueuze dans une
femme l'ambition d'être plus raizonable, d'être plus réconnoissante, d'être
plus bienfaizante, que som mari, &
alors l'estime réciproque fait goûter
l'amitié réciproque, & voilà pourquoi
je trouve cette amitié conjugale si estimable, sur tout lors qu'elle est con-
stante & durable ; Car n'est ce pas
un grand plézir, de se voir fort esti-
mée d'une personne fort estimable, &
si bonne amie?

X I I.

X I I.

Pour conferver un goût réciproque,
il faut avoir atantion à le quitter avec
regret, & à éviter d'annuyer, il faut
même fe ménager des privations de
préfance par des occupations diférantes; Il refteroit aux Epoux du goût
réciproque dix fois plus long tems, s'ils
favoient fe ménager dix fois davantage,
avec quelque pène, des privations &
des abfances.

X I I I.

Le plus bas degré de la vertu de la
Société le moins aimable, c'eft la vertu auftère. Le plus fublime degré de
vertu le plus aimable, c'eft la vertu
douce, gaye, indulgente qui goute
& qui invite à gouter les plézirs innofans & à en remercier l'Auteur bienfaizant.

X I V.

Il en faut toujours révenir à panfer,
que la vertu n'eft point aimable fi
elle ne procure duplézir aux autres.

X V.

X V.

On méprize l'humeur, la fechereffe qui réprennent, on refpecte la douceur, le filance, la Rézon qui dèzaprouvent.

X V I.

Pour coriger èficacemant, & cependant agréablemant, il faut commancer par loüer ce qui eft de loüable, & montrer ce qu'on pouroit faire d'un peu mieux en tel cas, *pour furpaffer fes pareils, pour étre plus aimé, plus eftimé &? plus hureux;* C'eft qu'il faut toujours montrer l'augmantation de bonheur à celui qui vize toujours au plus grand bonheur.

SUR

L'EDUCATION

DES

ANFANS

Chez les Maitres de Panfion.

LA meilleure Education feroit celle d'un excèlant Colége, à cauze de la grande emulafion & des récompanfes honorables & fréquantes que reçoivent les Ecoliers qui fe diftinguent & en vertu & en talans, & plus honorable pour le plus vertueux; Mais jufqu'à ce qu'il y ait de tels Coléges, un Maitre de Panfion habile & vertueux peut faire lui méme chez lui un excèlant Colége en petit, pour un petit nombre d'Anfans de parans affez riches pour bien peyer d'excelans Précepteurs; C'eft à un pareil Maitre de Panfion que j'adreffe ces Obfervations.

Pre-

Premiére Vérité Fondamantale.

Il eſt certain qu'il y a pour les hommes une ſegonde vie eternelle & hureuze à eſperer s'ils ſont bienfaizans
pour plére à Dieu dans cette premie-
re vie, qui dure ſi peu en comparaizon d'une vie de cent millions d'années.

Il eſt de même certain, qu'il y a
pour les mechans, les injuſtes, les mal-
faizans une vie très malhureuze à craindre après celle-ci, s'ils ne reparent pas
leurs injuſtices.

Segonde Vérité Fondamantale.

Il eſt certain qu'à tout pezer, l'homme de bien moins riche, diſtingué
dans ſa profeſſion & parmi ſes pareils
par ſa juſtice, par ſa bienfaizance, &
par la grandeur & l'utilité de ſes
talans ſera plus hureux dans cette
premiére vie que le mechant, l'injuſte
plus riche & ſans talans ne le ſera
avec ſes grans revenus & ſes injuſtices, c'eſt à dire, que l'homme de bien
ſantira moins de maux, de chagrins,
d'inquiétudes, & goutera plus de plé-

zirs & de joyes que le mechant dans
le cours d'une vie egalement longue,
& que quand même il arriveroit que
le méchant, le malfaizant, l'injufte
fût, à tout prandre, un peu plus hureux dans cette premiére vie que n'eft
le jufte & bienfaizant, il feroit toujours vrai qu'à la mort il fe trouveroit
avoir pris un trèz mauvais parti, puis
qu'il auroit perdu les joyes du Paradis,
& qu'il auroit à craindre les punifions
de l'anfer.

Troiziéme Vérité Fondamantale.
Bût de la meilleure Educafion.

Il eft certain que les parans, s'ils font
fajes, n'ont rien à dézirer de plus pour
leurs anfans dans leur Educafion finon
qu'ils en fortent plus juftes, plus bienfaizans, plus ranplis de connoiffances,
les plus utiles pour réüffir dans leur
profeffion, qu'ils n'auroient pu faire
dans toute autre Educafion, c'eft à dire
plus propres à devenir plus hureux
dans leurs deux vies, plus aimables
pour leurs parans, & plus eftimables
pour leur Patrie.

EGLER-

ECLERCISSEMANS

Les talans regardent les exercices de la Memoire, & les exercices qui procurent l'étanduë, la jufteffe & la pénétrafion d'Efprit; Mais fi ces talans font conduits par l'inpafianfe, par la colére, par l'amour emporté, par l'avarice craffe, par l'ambifion violante & injufte, fi ces talans ne font pas mis en œuvre par le dézir de faire plézir aux autres, c'eft a dire, par l'Efprit de bienfaizance anvers les parans, anvers les voizins, anvers la Patrie, loin de contribuer au bonheur des deux vies, ils ne font que contribuer à randre les anfans malhureux dans cette premiére vie & dans la vie future.

De là il fuit qu'il vaut incomparablemant mieux pour lui qu'il ait de plus fortes habitudes à la vertu & moins de talans, que d'avoir plus de talans & moins de vertu; Concluzion trèz inportante qui démontre que dans l'Educafion il faut anploïer beaucoup plus de tems à fortifier les habitudes à la vertu qu'à l'aquizition des talans, ce qui eft directement opozé aux diférantes & mauvaizes Metodes d'Ecucafion qui font en uzage ancore aujourd'hui dans les Coléges de l'Europe.

Si dans Paris cinq ou fix anfans de même age & de même métode faizoient leurs promenades, leurs jeux & leurs exercices Scolaftiques anfamble, ils joüiroient de deux grans avantajes; Le premier d'être aidez par l'emulafion, & le Segond de pouvoir pratiquer antre eux plus fouvant la Juftice, la Politeffe, le pardon des injures, l'indulgence pour les fautes, la douceur, la pafiance qui font partie de la bienfaizance, ils auroient l'avantage lorsque quelqu'un d'eux eft répris, d'apprandre ce qui eft faute, & grande faute, & quand quelqu'un d'eux eft loüé, d'apprandre ce qui eft loüable, & plus ou moins loüable, & ce qui mérite plus ou moins d'atanfion; Avantajes trèz inportans dont ils ne peuvent pas joüir tandis qu'ils demeurent fans condifciples.

Quatrième Vérité Fondamantale.

Il eft certain par l'expériance que les habitudes ne fe forment & ne fe fortifient qu'à proporfion du nombre des Répétitions.

Il eſt vrai que ces répétitions ennuye-
roient ſi elles n'étoient variées en diférantes manières & en des termes diférans.

ECLERCISSEMANS.

De là il ſuit que l'on ne ſauroit prou-
ver en trop de manières diférantes aux
anfans le long des jours de l'Education
ces véritez fondamentales de leur bonheur. Lectures, Déclamations, Diſputes, Queſtions, Dialogues, Scènes
& Axions Publiques devant des perſonnes eſtimables concernant ces véritez inportantes.

Les Anfans ancore plus que les hommes aiment le nouveau, ils ont bezoin
de changer ſouvant dans une matinée
de ſept ou huit matières diférantes d'a-
plicaſion, afin de gouter ſept ou huit
ſortes de plaizirs diférans dans la nouveauté: Car c'eſt le plézir qu'ils cherchent, & c'eſt le plaizir qu'il faut
leur faire trouver par la nouveauté, ou
plutôt par la rénouveauté dans chacune de leurs études, & dans chaque eſ-
péce d'exercice.

Cin-

Cinquième Vérité Fondamantale.

Les habitudes à la juſtice & à là bienfaizance, à juger ſainemant de la diférante valeur des biens dézirables pour augmanter le bonheur, ſont les habitudes les plus inportantes à chaque anfant.

De là il ſuit que les répétitions qui tandent à la pratique de la Juſtice & de la Bienfaizance, doivent être plus nombreuzes par jour au moins du double que des Répétitions qui ne tandent qu'à l'aquizition des talans de la mémoire & de l'Eſprit; Concluzion fort opozée à l'opinion de la plupart des parans qui n'ont eu qu'une mauvaize Education.

De là il ſuit qu'il faut beaucoup de paſiance dans le Précepteur pour voir ſans inpaſiance les oublis preſque continuels des Anfans, & pour faire répéter preſque tous les jours pluſieurs fois, durant chaque mois preſque les mêmes chozes.

Sixième Vérité Fondamantale.

Il eſt certain d'un coté, que les Anfans

fans, comme les autres hommes ſantent beaucoup de plézir à être loüez,
admirez, à être flatez, à être conſidé-
rez, à être fort diſtinguez antre leurs
pareils, & qu'ils dézirent fort cette
forte de plézir.

Il eſt certain de l'autre, que nous
loüions volontiers ceux qui nous procurent du plézir, & que plus les plézirs procurez ſons grans, plus les loüanges doivent être grandes. Faire un
plaizir, c'eſt faire un bienfait, plus les
bienfaits ſont étandus à plus de familles, plus ils ſont durables, plus auſſi
ils méritent de loüanges; Randre ce
qu'on doit, faire juſtice ne mérite
point de loüanges; Mais faire plus
qu'on ne doit, c'eſt donner, c'eſt un
bienfait qui mérite au moins la loüange pour recompanſe.

ECLERCISSEMANT.

C'eſt l'Auteur de la Nature qui eſt
Auteur de toutes nos joyes & de tous
nos plézirs. Car les Corps, ni les
mouvemans des Corps qui n'ont au-
cuns plézirs, ne ſauroient jamais nous
donner ce qu'ils n'ont point, & d'ailleurs nos plézirs n'obéïſſent point à

 no

notre volonté, nous ne les avons point toutes les fois que nous les dézirons. Cet Etre bienfaizant a par bonté pour uous, attaché du plézir à la gloire, à la diftinxion, aux loüanges comme une récompanfe duë à ceux qui procurent du plézir aux autres, & par conféquant à tous les bienfaêteurs à proporfion de la grandeur & de l'étanduë de leurs bienfaits. Ainfi le plézir de la gloire, de la réputation, de la diftinxion, eft une récompanfe que le Créateur fait gouter dèz cette vie, en attandant la récompanfe qu'il prépare aux bienfaizans dans la vie future.

Les hommes cherchent toute leur vie prefque en tout, cette forte de plézir, & faute par eux de connoitre la véritable gloire, la diftinxion la plus précieuze qui confifte à procurer les grands bienfaits à plus de perfonnes, ils s'amuzent à chercher diférantes diftinxions affez méprizables qui ne procurent nuls bienfaits aux autres. Ce font ces petites diftinxions qu'on apelle glorioles, telle qu'eft la magnificence dans les grans equipages, dans les grans Palais, dans les

ta-

talans de petite utilité, dans le grand
pouvoir, dans les grandes richeſſes lors
qu'elles ſont mal emploïées.

C'eſt un grand bonheur pour l'homme ſaje de pouvoir trouver le plézir
de la gloire en cherchant à s'aſſurer
les plézirs du Paradis, & il y réuſſit
puiſque le plézir de la loüange & le
mérite du Paradis ſe peuvent aquérir
par les bienfaits, c'eſt à dire, par les
plézirs qu'ils procurent à leur prochain.

De là il ſuit que le principal de l'E-
ducation d'un anfant conſiſte en deux
points. Le premier c'eſt de fortifier,
en lui autant que l'on peut le gout
pour le plézir de la gloire. Le ſegond
c'eſt de lui anſegner par de fréquantes réflexions à diſtinguer la gloire
qui eſt bienfaizante de la gloriole qui
ne l'eſt point, à diſtinguer les loüanges qui viennent des perſonnes loüables & eſtimables des loüanges qui
viennent des ignorans qui courent
avec la même ardeur aprèz toutes les
diſtinxions frivoles & non bienfaizan-
tes, & qui ne connoiſſent pas par conſéquant combien une axion, une qualité eſt plus ou moins loüable ou eſti-

mable qu'un autre par les plus grans ou par les moindres bienfaits qu'elle procure, ni les qualitez & les axions qui font plus ou moins blamables, comme procurant aux autres plus ou moins de maux plus petits ou plus grands.

Concluzions de Pratique.

De ces Confidérations on peut tirer plufieurs Concluzions Générales.

I.

Qu'il faut amploïer plus de la moitié du tems de l'Education à des répétions pour tout ce qui regarde les diférantes parties de la Juftice pour ne faire aucun mal, & les diférantes parties de la bienfaizance pour procurer beaucoup de biens, & anploïer l'autre moitié de la journée en répétitions pour tout ce qui regarde les talans de l'efprit, parce qu'il faut avoir beaucoup plus d'atanfion pour ce qui eft beaucoup plus inportant au bonheur de la Société, que pour ce qui eft beaucoup moins inportant à ce bonheur.

II.

I I.

Qu'il faut plus d'atanſion & de répétiſions diverſifiées pour ce qui regarde les deux habitudes les plus inportantes, c'eſt à dire, pour l'Obſervation de la Juſtice & pour la pratique
de la Bienfaizance, mais ſur tout de la
juſtice anvers ceux à qui nous devons
le plus, tels que ſont les Peres & Me-
res; Car il faut commanſer par *randre*
ce que nous devons avant que de *donner*, il faut commanſer par ne faire
aucun mal avant que de ſonjer à faire
du bien, il faut commanſer par n'être
point ingrat avant que de prétandre
être libéral & bienfaizant.

I I I.

Il faut de même plus de répétitions
pour les qualitez qui regardent la jus-
teſſe de l'eſprit que pour celles qui regardent la mémoire des faits curieux.
Il vaut mieux avoir une plus grande
habitude de bien raizonner & de bien
counoitre les raizonemans juſtes, que
de ſavoir plus de faits de Géografie ou
de Cronologie, plus de Latin ou d'autres Langues. Je ſai bien que cette
mé-

métode eſt contre l'opinion & la pratique des Colèges ordinaires, mais cela n'anpèche pas que ce ne ſoit l'opinion & la métode la plus raizonable, & c'eſt l'effet du progrez que la Raizon univerſelle a fait en Europe qui commanſè à voir quelque choze de ce que nous pourions mieux faire que nos Ancêtres d'il y a mille ans, qui par raport à nous ne ſont que des Antans, puiſque nous avons profité de leurs expériances, de leurs découvertes & des nôtres.

I V.

Ce qui ſeroit néceſſaire pour les Précepteurs, ce ſeroit d'avoir un plan de diſtribuſion des heures de l'education du matin & du ſoir de chaque jour, de chaque ſemaine, de chaque mois, de chaque année, pour chaque claſſe, & même le nombre d'exercices, ſelon l'inportance de chaque ſujet d'etude par raport à l'augmantaſion du bonheur de cette vie, & à la ſureté du bonheur de la ſegonde vie.

Un tel plan eſt ce qu'il y a de plus dificile à préparer, même pour le faire aſſez inparfait; Mais ce qu'il y a de com-

commode c'eſt qu'on poura le perfexionner un peu tous les mois, tous les
ans, avec le ſecours de l'expériance &
des réfléxions.

V.

Il y a une obſervation à faire pour le
Précepteur avant les exercices qui regardent l'aquizition de la vertu, &
avant les exercices qui regardent la
culture de l'eſprit pour donner plus
d'atanſion aux anfans; C'eſt de remettre devant leurs yeux les principaux
motifs de nos axions; D'un coté les
maux à craindre de la negligence, &
de l'autre diférans biens, les diférans
plézirs que lui produira un jour ſon
atanſion prézante & ſon progrèz dans
ces ſortes d'etudes.

Car ils ne s'y appliqueront qu'a mezure qu'ils craindront les maux, &
qu'ils eſpéreront les biens de leur ap-
plicaſion, ou à mezure que cette etude viendra à leur plaire par elle même;
Eſpérances des plézirs de gloire, de
diſtinxion & d'augmantaſion de fortune pour cette vie; Peintures des grandes joyes & des grandes délices dans la

vie,

vie future tirées des grandes joyes que
les anfans connoiſſent. Craintes & eſ-
perances, voila les reſſorts qu'il faut
que les Précepteurs remontent tous les
vint quatre heures dans les anfans.

On peut faire vizer l'anfant à augmanter ſes talans ſoit utiles ſoit agréables par raport à la fortune, qui eſt une
récompanſe tanporelle; On peut auſſi
lui faire remarquer que ces talans pouront lui aider à procurer aux autres de
plus grans plézirs, de plus grans avantages. Il faut pour cet effet donner
ſouvant des exanples & citer avec de
grans eloges ceux qui ont été de grans
bienfaiċteurs de la Patrie en diférans
genres.

V I.

Si nous avions un bon plan d'Educafion d'une panſion, il pouroit beaucoup ſervir à former un bon plan d'E-
ducafion de Colége, en multipliant
dans les Coléges les bons Précepteurs
& Répétiteurs à proporſion du nombre d'anfans de même age ou de même
claſſe qui auroient le moyen de bien
recompanſer de bons Précepteurs.

Plan

Plan de diſtribution des heures deſtinées à l'étude & à l'exercice des vertus.

J'antans ici par le terme *vertus* des qualitez & des habitudes qui nous portent non ſeulemant à éviter de faire quelque mal aux autres, ce qui eſt Justice, mais même à leur faire du bien, ce qui eſt Bienfaizance.

Ne point faire de mal , ne point faire d'injuſtice ne mérite point de récompanſe. Faire du mal , mérite puniſion. Faire du bien aux autres c'eſt la ſeule choze qui mérite recompanſe.

Exercice de la Juſtice.

Ce qui ſeroit plus inportant pour devenir tous les jours plus juſte , ce ſeroit l'exercice fréquant de Juſtice aux autres ; Mais les occaſions ſont rares dans l'Éducation purémant domeſtique lors qu'il n'y a point de pareils de même age. Cependant l'anfant peut quelquefois trop demander aux domeſtiques, alors il fait une injuſtice dont il faut l'avertir en lui diſant fant: *Si vous êtiez domeſtique, voudriez vous que votre Maître vous traitât de même.*

Il peut ne pas obeïr au Précepteur même dans des chozes raizonables; Or c'eſt une injuſtice puis qu'il doit obeïsſance à ſes parans qui ont donné au Précepteur leur autorité en cette partie ; Or cette dezobéïſſance aux parans ſeroit une injuſtice, une ingratitude, & même une inprudance dont il doit être averti.

La règle pour connoître s'il y a injuſtice dans une axion eſt bien facile ; C'eſt de ſe demander à ſoi même, *voudrois je qu'un autre me traitât de même ſi j'etois à ſa place, & moi à la ſienne?*

Or c'eſt cette règle qu'il faut demander à l'anfant toutes les ſois qu'il a commis une injuſtice & toutes les ſois qu'on lui demande ſi telle axion eſt juſte ou injuſte ; Point principal de l'Education qui ne ſauroit lui être trop répété.

Lors qu'il eſt en compagnie, il eſt témoin de diſérantes axions, de diſérans jugemans que font les autres; Or il faut dans les heures d'Educaſion lui de-

demander ſon jugemant ſur ce qu'il à
vû ou antandu de loüable ou de blamable.

Il faut l'avertir ſur la manière dont il
ſe conduit avec Pere ou Mere qui lui
commandent quelque choſe qu'il ne fait
point, ou qu'il ne fait pas auſſi bien qu'il
pouroit. Cette ſorte d'injuſtice eſt d'autant plus grande qu'elle eſt accompa-
gnée d'ingratitude, & elle eſt d'autant
plusridicule qu'elle eſt tréz inprudante
& tréz prézomptueuze. Car n'eſt il pas
ridicule à un anfant de prétandre qu'il
eſt plus prudant dans ſon anfance que
ſes Parans qui, outre les lumières de
leur expériance, ont ancore les lumières de l'expériance des autres.

On doit lui faire remarquer les diférans dégrez d'injuſtice & de blamable dans diverſes axions de la journée
ou de l'hiſtoire du jour : L'injuſtice
de Jacob qui trompe ſon frere Eſaü,
ſur le prix ou la valeur de ſon droit
d'aineſſe cedé pour un plat de lantilles
à cauze de la grande faim d'Eſaü :
Mettez vous à la place d'Eſaü, dira le
Précepteur, *trouveriez vous raizonable
que votre frère ou votre voizin vous eut
trompé ainſi dans un inſtant ou vous*

*auriez eu grand faim & ou vous n'auriez
pas connu tout ce que vaut votre droit d'aineſſe.*

De même vous obſerverez que cette
injuſtice de Jacob eſt bien moindre que
l'injuſtice des freres de Jozef qui le
vandirent comme un eſclave, comme ils
auroient vandu un cheval à des etrangers.

Il eſt à propos de lui en faire rémarquer les raizons; C'eſt un plus grand
mal de vandre quelqu'un comme eſclave, que de le priver d'un droit d'aineſſe.

En lizant les traits d'hiſtoire que le
Préeepteur aura préparez, il fera faire
ces remarques ſur les injuſtices, & les
donnera anſuite à ecrire à l'anfant.

Les anfans aiment qu'on leur conte
des faits hiſtoriques, la voix, les tons,
les geſtes du conteur leur font plus
d'inpreſſion que la lecture: Le conteur met des circonſtances ſanſibles
qui leur plaizent, & c'eſt le plus de
plézir qui fait le plus d'inpreſſion dans
la mémoire.

Les Annales de Tacite ſont pleines
d'injuſtices des Anpereurs, & ſeroient
bonnes à réprézanter particulièremant
aux

aux Daufins pour leur en donner de l'horreur.

Il ſeroit à propos que dans quelques aprèz diners de chaque mois, l'anfant vit quelques ſcènes, par exanple, un domeſtique feroit le perſonage de l'injuſte, l'ecolier le perſonage de l'ofanſé, il en prandroit plutôt des ſantimans de générozité pour pardonner les ofanſes.

Quand il aura pris beaucoup d'indignaſion & d'horreur pour l'injuſtice des freres de Jozef, il aura fait un bon exercice.

Il ſeroit à propos qu'il fit une fois par an dans quelques ſcènes le perſonage de Jozef qui pardonne à ſes freres & qui les comble de bienfaits, mais c'eſt pour ranvoyer à l'exercice de la Bienfaizance.

Nos métodes d'Educaſion ſont trop abſtraites, ainſi elles ne font pas ſur les antans aſſez d'inpreſſion faute d'être ſanſibles & trèz ſanſibles par des réprézantations de perſonages.

Je ſupoze quatre heures d'etude le matin & autant l'aprez-diner, des promenades & des jeux d'exercice, comme volant, balon, paume, billard &

 quel-

quelques jeux d'adreſſe & de commerce, comme echets, triqtraq, ombre,
picquet &c. Car il faut aprandre à
joüer loyalemant, c'eſt juſtice; & polimant ou noblemant, c'eſt Bienſaizance, puiſque ces jeux ſont partie de la
ſocieté dans la quelle il faut vivre &
par tout ſe comporter en homme juſte
& bienſaizant.

Il faut par conſéquant joüer petit
jeu, mais ſufizanmant pour s'amuzer
en amuzant agréablemant les autres.
Je mets la muzique & les inſtrumans
parmi les amuzemans & parmi les jeux
qui ſont pour les heures qui demandent
moins d'aplicaſion ; C'eſt au Précepteur à varier ces heures.

EXERCICE DE LA BIEN-FAIZANCE.

*La Bienfaizance conſiſte à procurer aux
autres tous les plézirs que nous voudrions
qu'on nous procurat en pareil cas & que
nous ne leur devons point.*

Ainſi l'atanſion à faire plézir, à plére, les ofres de ſervices, les compli-
mans qui marquent un dézir de ſervir, les loüanges, les reſpects, les
pré-

prévenances, les civilitez, la libéralité, les aumones, les petits prézans, les bons ofices, les ſoins pour
les commiſſions, les voyages, les travaux, donner des récommandaſions,
chanter, joüer des inſtrumans, prê-
ter, donner, anſegner, excuzer, répondre avec douceur, avec Politeſſe.
Chacun peut ainſi ſelon ſa condiſion
& ſelon les occazions, exercer diférantes parties de la Bienfaizance &
faire ainſi aux autres divers petits plézirs, & ce ſont ceux qu'on apelle
honnêtes gens, perſonnes de bon commerce avec qui il y a plus à gagner
qu'avec d'autres, il faut que l'ecolier
vize à être diſtingué un jour, même
parmi les autres honnêtes gens.

Les amis, les amies, c'eſt à dire,
les perſonnes qui plaizent ſe font
mutuellemant le long des jours divers
plézirs & avec plézir; Ainſi cette ſorte de bienfaizance quoique vertueuze
eſt moins digne de loüange que celle
qui s'exerce anvers ceux dont on ne
tire aucun plézir, aucune réconnois-
ſance, aucune récompanſe tanporelle,
ſi ce n'eſt peutêtre l'eſpérance de quelques loüanges de la part de quelque

D 3

con-

connoiſſeur ; Mais le Bienfaizant a l'eſpérance d'en être un jour récompanſé dans le ciel par l'Etre ſouverainemant bienfaizant, eſpérance qui peut dévénir à la longue un trèz grand reſſort pour les axions vertueuzes, car il va toujours en croiſſant à proporſion que l'on en fait uzage chaque jour.

A l'egard de la pratique de la Bienfaizance, il n'y a qu'à ſe ſervir des mêmes moyens dont je viens de parler pour la juſtice, & y en ajouter de nouveaux que fourniront au Précepteur les hiſtoires qu'il fera lire aux Ecoliers accompagnées de ſes réflexions ſur les honneurs & la réputation que ces axions ont attiré dans tous les tans à l'homme vertueux.

Ainſi je recommande fort une ſorte de lecture aux autans dont la raizon commance à percer, comme à neuf ou dix ans, c'eſt la lecture de la vie des Hommes Illuſtres de tous les peïs, de tous les ſiècles, & particulièremant les vies de Plutarque, en atandant que nous en ayons de meilleures. Il ſeroit à ſouhaiter que quelque Ecrivain nouveau eut omis ce qui y eſt inutile pour les

meurs

meurs du lecteur d'aujourd'hui , & qu'il eut ancore mieux blamé l'injuſte & loüé les belles axions.

C'eſt à l'occazion de cette lecture que le Précepteur fera ſes jugemans ſur ce qu'il trouvera de prudant ou d'inprudant, & qu'il fera remarquer les diférans dégrez du loüable ; C'eſt ainſi que peu à peu & avec le tems il peut former le jugemant de ſon ecolier en lui faizant le landemain des queſtions ſur les obſervaſions du jour précédant , il peut l'intèreſſer perſonèlemant en lui demandant : *Qu'auriez vous fait, que feriez vous en pareil cas ?* Et alors il faut le loüer avec atanſion quand il panſera juſte, il faut qu'il ſoit récompanſé par le plézir des loüanges & par l'eſpérance d'être loüé un jour lors qu'il fera lui même pareilles axions dignes de loüanges.

Voila pourquoi il faut le long de la leſſon réveiller l'atanſion de l'Anfant par diverſes eſpérances de plézirs qu'il doit gouter, tant ſur la Terre que dans le Ciel.

J'ai expliqué dans un diſcours les diférances qu'il y a antre *Homme Illuſtre* & *Grand Homme.* Je voudrois que le

 Pre-

Précepteur travaillât tous les jours à faire antrer ces diférances dans l'Esprit de l'Anfant, afin qu'il put juger par des règles sures de la diférante grandeur & du véritable prix des Hommes qui ont été Illustres par leurs talans & par leurs vertus, & qu'il put dire pourquoi il estime plus une axion, une antreprize, un homme qu'un autre.

Il faut conter qu'un tel discernemant seroit une des qualitèz les plus souhaitables dans un jeune homme, mais que l'on ne peut le former en lui trèz juste & trèz constant qu'avec beaucoup de répétitions, d'interrogations & même en plusieurs années.

J'ai lu dans la vie d'Epaminondas une reponse qui m'a plu infinimant. Il venoit de ranporter une grande victoire: Un de ses amis lui dit : *Vous devez être dans une grande joye : Ma grande joye*, lui répondit il, *me vient du plézir que mon Pere & ma Mere vont santir en aprenant mon hureux succez.*

C'est au Précepteur à faire valoir à son ecolier la beauté de ce santimant qui démontre combien il avoit de reconnoissance des soins qu'il avoit pris

de

de lui; On ne ſauroit jamais inſpirer aſſez de reconnoiſſance aux anfans pour leurs parans.

Dans l'hiſtoire de Jozef on peut faire rémarquer à l'anfant que le plus haut degré de Bienfaizance, c'eſt de faire du bien à ceux qui nous ont fait du mal, comme Jozef en uza à l'égard de ſes freres.

EXERCICES DE L'ESPRIT.

Les obſervations que fera le Précepteur ſur un grand nombre de mauvais raizonemans que l'on trouve tous les jours ou dans les livres ou dans la converſation, & l'atanſion qu'il aura à en faire rémarquer le peu de juſteſſe, doit faire le point principal des exercices de l'Eſprit, & par conſéquant il doit anploïer plus de tans de ce coté là que du coté du Latin.

La lecture de l'Hiſtoire Générale de Mr. Rolin avec le ſécours des tables de Cronologie & des cartes de Géografie eſt un des travaux néceſſaires pour cultiver la mémoire & l'Eſprit. Cette connoiſſance eſt dans le fonds plus néceſſaire que la culture du Latin qu'il

 faut

faut auſſi cultiver, mais dont la culture ſera preſque inutile dans quelques ſiècles.

Les Romains dont nous eſtimons la Sageſſe ſe ſont ils jamais avizez de regarder la connoiſſance de la Langue Grèque comme un article eſſantiel à l'educaſion de leurs anfans ? J'avouë cependant qu'il faut donner du tans à anſégner le Latin à l'anfant, à cauze des anciens préjugez que nous avons ancore de ſa grande utilité. Les préjugez publiqs durent long tems malgré la raizon qui veut que l'on anſègne plutôt des chozes utiles aux anfans que des mots inutiles.

Jé fais bien plus de cas de l'Aritmétique, & ſur tout de la Géométrie à cauze de la bonne métode de démontrer ; Surquoi j'obſerverai que s'il y avoit des propozitions de Morale ou de Politique auſſi évidanmant prouvées que les propozitions de Géométrie, il vaudroit bien mieux que l'anfant apprit dans ces ouvrages de Morale & de Politique à ſe ſervir de la métode géométrique que de la Géométrie elle même.

Au

Au reſte c'eſt au Précepteur ſaje à diſtribuer ces heures I. Selon l'inportance des matières par raport à l'augmantaſion du bonheur de l'anfant. II. Par raport à la variété néceſſaire pour l'antretien de ſes diférans goûts, & à mezure qu'il eſpérera plus d'honneur & de plézirs du ſuccez d'une ſorte d'etude que d'une autre, & il en eſpérera plus à mezure que ſon eſpérance ſera mieux nourie par des images vives de ces plezirs les uns peu durables, les autres toujours durables.

Règle du Loüable & du Blamable.

Tous les hommes ſantent du plézir à être fort loüez par des perſonnes loüables elles mêmes, mais peu ſavent bien juger de ce qui eſt plus ou moins digne de loüanges. Nous cherchons tous le plézir de la gloire & de la diſtinxion antre nos pareils, mais nous ne connoiſſons point ce qui eſt plus ou moins glorieux, & qui mérite plus ou moins de récompanſe. Tous les hommes ſantent de la douleur à être blamez, c'eſt ce qui s'apelle la douleur de la honte. Peu ſavent ce qui eſt plus

ou

ou moins blamable & ce qui mérite plus ou moins de punifion.

En général l'axion la plus loüable, la plus digne de récompanfe c'eft le plus grand bienfait. L'homme le plus loüable, c'eft le plus Bienfaizant. L'axion la plus blamable, la plus digne de punifion, c'eft d'avoir fait le plus grand mal. L'homme le plus blamable c'eft le plus injufte, le plus mechant, le plus malfaizant.

ECLERCISSEMANT.

De toutes parts on en revient à la baze de Morale. *Ne point faire de mal & faire du bien.* Eviter toute injuftice, vizer à la plus grande Bienfaizance.

Dans une axion, dans une antreprize trèz loüable, on confidére trois chozes.

I: Le bût que l'on fe propoze, & ce bût doit être loüable: Or il n'y a point de bût, point de motif loüable s'il n'eft jufte, & fi ce n'eft pour faire du bien aux autres & pour plère à Dieu.

II. Il

II. Il faut conſidérér le grand courage, la grande conſtance, la grandeur
des talans qui ont ſervi à l'axion & au
ſuccez de l'antreprize.

III. Il faut faire atanſion au grand
ſuccez de l'antreprize, & à la grandeur
du bienfait procuré au plus grand nombre de familles.

De là on voit que les grans bienfaits
que l'on procure aux hommes pour plére à Dieu & pour obtenir la récompanſe éternelle & céleſte, c'eſt ce qu'il
y a de plus grand, de plus glorieux,
de plus digne de la loüange des hommes, qui 'eſt une ſorte de récompanſe
tanporelle.

A l'egard du blamable, une axion,
une antreprize eſt blamable & digne
de puniſion:

1. A proporſion que le bût a été
méchant, injuſte, cauze d'un grand
malheur que ſoufre un grand nombre
de perſonnes innoſanter, ou même bien-
faizantes à qui on doit de la réconnoiſſance.

11. A proporſion du dézir & de la
perſévérance de l'antreprize injuſte
malgré les obſtacles.

III.

III. A proporſion de la grandeur du mal qu'elle a cauzé à un plus grand nombre de familles.

Les bienfaits des particuliers ne s'étandent guères qu'à leurs familles & à leurs voizins.

On peut ou dans les grands anplois, ou par de beaux ouvrages dans les Siances, & ſur tout dans la Politique étandre ſes bienfaits à un grand nombre de familles.

De là il ſuit que l'anbiſion pour un grand anploi, pour une grande fortune, pour un haut dégré de Sageſſe peut ètre trèz loüable & trèz vertueuze dans un homme fort vertueux.

Ainſi borner ſon ambiſion à l'éléva-ſion de ſa famille, comme font la plupart des Miniſtres chez toutes les Nations, ce n'eſt rien que de petit, de commun & de fort borné, ce n'eſt rien de diſtingué, ni de digne de loüanges; Tandis qu'ils n'uzent que de voyes juſtes & permiſes pour y arriver, ce n'eſt rien de blamable; Mais lors qu'ils préférent leurs parans qui ont moins de talans & de vertus à ceux qui en ont le plus pour les anplois publiqs, voila du blamable & de l'injuſte.

On

On ne ſauroit répéter trop ſouvant
en trop de manières ces règles à l'ecolier. On ne ſauroit lui en faire faire
tous les jours trop d'aplicaſions, tant
ſur ce qu'il fait que ſur ce que les autres dizent & font devant lui, afin que
dans les plézirs qu'il cherche il ne ſe
permette que les plézirs permis, & qu'il
vize aux plézirs loüables de ſon age &
de ſa condiſion pour obtenir les plézirs
& les récompanſes de l'avenir, & afin
qu'il évite les plézirs blamables pour
éviter les puniſions futures dans ſes
deux vies.

FAIRE DES EXTRAITS.

I. Les Précepteurs doivent anſégner
aux ecoliers à faire des extraits de livres d'hiſtoires pour les axions loüá-
bles & blamables les matins. Mais à
l'égard des faits extraordinaires qui regardent le culture de la mémoire, il
faut les y faire travailler ſeulemant l'a-
prez-midi.

Faire faire le matin les extraits des
livres de morale.

Faire faire l'aprez diner des extraits
des livres d'Arts & de Siances & de Langue.

II.

II. Faire faire à l'ecolier des Obfer-vafions pour perféxioner ces Extraits.

III. Faire faire dans les conféran-ces par l'ecolier des queftions pour bien antandre toutes les parties des extraits, & y lire les Obfervafions de cet Eco-lier pour perfexioner cet extrait.

Les Anfans & les hommes cherchent le plaizir d'être diftinguez dans les con-férances par leur pénétrafion, par leur jufteffe, par leur modeftie, ils cher-chent auffi dans les queftions le plézir de fatisfaire leur curiozité, & d'au-gmanter les lumières de leur intelligen-ce, & c'eft au Précepteur à donner à chaque ecolier la loüange qu'il a mé-ritée dans la conférance. Les fautes doivent être réprochées polimant à l'ecolier en particulier, & feulemant comme des moyens vertueux d'arriver à la perféxion.

Telles font les obfervafions qui m'ont paru les plus inportantes, pour aider trois ou quatre bons Précepteurs dans une fimple panfion à former fept ou huit Ecoliers à peu prèz de même age à la vertu & aux talans, pour devenir un jour des hommes beaucoup plus aimables, beaucoup plus eftimables &
plus

plus hureux chacun dans ſa profeſſion
dans leurs deux vies, que ne feront
leurs pareils de même age qui n'auront
reçu qu'une education commune dans
les Colèges ordinaires, & c'eſt le bût
que je m'étois propozé.

Je viens de lire dans Plutarque ſur
la vie de Lycurgue un fait qui regarde l'educaſion, qui m'a paru inportant.

On demandoit à l'ecolier: Qui eſt
le plus homme de bien, le citoyen le
plus vertueux de Lacedemone?

Cette queſtion faiſoit deux biens. L'e-
colier s'informoit qui etoit celui qui
etoit eſtimé plus vertueux des citoyens, & par conſéquant comprenoit,
d'un coté que la grande vertu etoit
ce qu'il y avoit de plus eſtimable
parmi les hommes, & parconſéquant
il fantoit que c'etoit ce qu'il devoit
rechercher avec plus de ſoin, de l'autre, ces queſtions donnoient du dézir
aux citoyens de devenir dignes d'être
un jour nommez par ces ecoliers.

Pour moi je voudrois qu'on leur de-
mandât ſeulemant les trois hommes les
plus eſtimables parmi nous dans la
Guerre, dans la Magiſtrature, dans le

Miniſtére, dans l'Eglize, morts dans a
le dix ſeptième ſiècle.

Ce qui eſt raporté du grand reſpect :
d'Epaminondas pour ſon Pere & ſa
Mere eſt un article principal de l'educaſion ; Car ce grand reſpect plaira infinimant aux Parans, & peut devenir
un grand reſſort pour faire avancer les
anfans dans les talans, & ſur tout dans
les vertus, dans la vuë de leur plaire
& pour leur marquer beaucoup de réconnoiſſance.

OBSERVASIONS.

Sur le Projet d'exercices d'une ſemaine pour les Panſionaires de Mr. de
St. Ihbert Janvier 1739.

Le Dimanche Matin.

Lecture & explicaſion de l'Epitre
& de l'Evangile.
Catechiſme.
La grande Meſſe & puis la vie du
Saint du jour.

Aprèz Midy.

Sermon.
Vèpres.

Catechiſme Latin.

Peres de l'Eglize en Latin.

Lecture de Jozef, promenade, jeux d'adreſſe comme volant.

Jeux de Commerce.

Lundi Matin.

Vie du Saint du jour.

Explication de la Bible Latine.

Catechiſme Hiſtorique. Lecture des Auteurs profanes en Latin ; Lecture de Jozef ; Vizite des eſtampes de l'Ecriture Sainte.

Aprèz Midy.

Lecture de la Gazète.

Bible Françoiſe miſe en Latin.

Eſſai d'explicaſion des Poëtes Latins.

Hiſtoire de France.

Jeu au Bureau de l'Hiſtoire.

Jeu du Dictionaire.

Aritmétique.

Blazon.

Sphère.

Géographie. Lecture reguliére en François.

 Dé-

Déclamation.
Antretien de la jurifprudance.

Mardi Matin.

Effai d'Allemand.
Effaïs d'Italien.
Converfation Latine.
Danfe.
Maitre d'Ecriture.
St. du Jour.
Cicéron & Cezar.
Lecture de Jozef.
Vizite des Eftampes de l'Ecriture
Sainte.

Après Midy.

Jeu du Dictionaire.
Virgile, Ovide, Horace, Terence.
Déclamation.
Aritmétique.
Blazon.
Sphère & Géografie.
Hiftoire de France & Bureau Hifto-
rique.

Mercredi Matin.

Eſſais ſur la quantité des mots Latins & vers ſcandez.

Saint du jour : Bureau Hiſtorique.

Catechiſme Latin.

Bible Latine. Eſtampes du Bureau de l'Ecriture Sainte.

Lecture de Jozef. Lecture grave & bien prononcée.

Aprèz Midy.

Les mêmes vers Latins du matin à rétourner.

Compozition.

Exercice du Bureau Tipografique pour l'Ortografe, pour la Politique, pour la Morale, pour la Politeſſe.

Auteurs Latins.

Déclamation, Hiſtoire de France, Bible Françoiſe miſe en Latin.

Sphère & Géografie.

Elemans de Géométrie.

Jeudi Matin.

Converſation en langues étrangères.

Exercices ſur les Arts & ſur les Sian-ces.

Vie

Vie du Saint du jour prife au Bureau Tipografique.

Maitre d'Ecriture.

Bible Latine mife en François.

Exercice fur la fable & fur la narration

Ciceron, Horace, Virgile, Quinte Curfe, &c.

Aprèz Midy.

Bible Françoize à mettre en Latin.

Jeu du Dictionaire.

Lecture bien prononcée dans la tribune.

Déclamation.

Lecture des Fables de la Fontaine, des Tragedies de Corneille, de Moliére & autres Poëtes François.

Faire un recueil des traits remarquables, d'extraits.

Promenade au Jardin du Roi pour herborizer & voir des expériances de Chimie. Promenade à la ville pour les artizans.

Antandre plaider au Palais.

Jeux de Commerce.

Van-

Vandredi Matin.

Vie du Saint.
Gazette.
Vers Latins rétournez.
Bible Latine miſe en François.
Jozef, Explicaſion ſur la Religion des Juifs.

Aprèz Midy.

Hiſtoire au Bureau.
Lectnre de l'Hiſtoire de France du Pere Daniël.
Bible Françoize traduite en Latin.
Géografie, Aritmétique, Blazon, Géométrie, Déclamation, Entretien ſur les loix du Peïs.

Samedi.

Répétiſion de toute la ſemaine.

OBSERVASIONS.

Sur ce Plan d'Exercices.

I. Il eſt à propos que ce papier ſoit imprimé & puiſſe donner aux parans & aux amis une idée de la beauté & de

E 4

l'u-

l'utilité de la Métode d'educafion de
ce petit Colége.

Dimanche Matin.

II. Il faut ajouter *les fêtes*; C'eft
qu'il faut fanctifier les fêtes par les
exercices de la vertu.

III. Explicafion de l'Epitre &
de l'Evangile du jour. Il faut toujours montrer aux Anfans que le bût
de l'Evangile eft notre bonheur éternel, & que pour y parvenir, il faut
pratiquer la vertu, qui confifte à l'ob-
fervation de la juftice, de peur de déplaire à Dieu & de mériter l'anfer,
mais ancore à la pratique de la Charité
Bienfaizante pour pléte à Dieu, & pour
en obtenir le Paradis.

Voila en quoi confifte l'effantiel de
la Religion & la meilleure fanctifica-
tion des Fêtes & du dimanche.

A l'égard des autres jours de la femaine, il faut, pour angager à pratiquer les vertus, ajouter les motifs tanporels aux motifs de Religion. Tels
font l'augmantafion de la bonne réputafion, & l'augmantafion de la fortune
que procure la bonne réputafion.

Il faut faire rémarquer aux écoliers que la pratique de ces deux vertus ſont les moyens les plus eficaces tant pour le bonheur tanporel que pour le bonheur éternel.

Il faut ainſi réünir autant que l'on poura tout ce qu'il faut pour être hureux dans nos deux vies à ce précepte fort court, *abſtine à malo & fac bonum.* Juſtice & Bienfaizance. Cela ſe peut en raportant tous les exercices du jour à ce point de bonheur.

Pour faire connoître à l'écolier ſi en telle axion il y a de l'injuſtice, il n'y a qu'à lui demander, voudriez vous que l'on en fit autant contre vous ? C'eſt une excelante pratique pour la juſtice journalière.

Tout ce qui nous déplait dans le procédé des autres anvers nous eſt une injuſtice. On peut faire une table des injures, des inpoliteſſes & autres injuſtices des écoliers antre eux, & anvers leurs ſupérieurs & inférieurs, il faut qu'ils vizent par leur politeſſe à réparer les ofanſes d'inpoliteſſe, faire cette table en forme de divers commandemans de Dieu pour les écoliers. Il ſeroit méme bon de les rimer gros-

E ſ

ſié-

fièremant, par exanple, pour dire, *ne*
point contrefaire, ne point se moquer,
leur faire répéter :

> *Défauts d'autrui ne contreferas*
> *Et ne t'en moqueras aucunemant.*

Faire de même une table en forme
de commandemans pour les axions de
politeffe ou de Bienfaizance des Ecoliers qui font au de là de ce qu'ils fe
doivent en juftice; Ainfi on peut les
faire réciter comme les commandemans
de Dieu qui font dans le Catechifme;
Et pour les porter à pardonner les
ofanfes comme ils voudroient qu'on
leur pardonnât en pareil cas, on peut
leur faire répéter

> *Facilemant pardonneras*
> *Afin qu'on te pardonue aizémant*
> *Tous tes parans contenteras*
> *En obéïffant exactemant.*

IV. A la grande Meffe chanter l'O-
fice, l'apprandre par mémoire & l'expliquer.

V. Dans la lecture de la vie du Saint
du jour, rémarquer dans une réfléxion
écrite

écrite au bas, ce qu'il a pratiqué de juſtice & de bienſaizance diſtinguée, & ſes motifs.

Il eſt à propos que les prières contiennent quelque choze qui faſſe ſouvenir tantôt de pênes de l'anfer, tantôt des joyes du Paradis.

Il faudroit choizir les Saints par raport aux vertus journalières de l'Anfant, Paſiance, Obéïſſance &c. Ainſi peu de Martirs à imiter, mais plutôt ceux qui ſe ſont apliquez à l'étude, Evêques, Prêtres, Magiſtrats, gens de Guerre, Miniſters, Rois, Anpereurs.

Dimanche aprèz Midy.

OBSERVASIONS.

VI. *Sermon.*

Apprandre aux Ecoliers à remarquer ce que le Prédicateur a dit qui puiſſe ſe ramener au principe: *Abſtine a malo & fac bonum:* Et aux motifs qui ſont, puniſion à craindre & récompanſe à eſpérer.

VII. *Vèprez.*

Il eſt à propos qu'ils aprennent à chanter & à expliquer en Franſois les Pſeaumes, mais leur montrer toujours

dans

dans les Pſeaumes ou la juſtice, ou la
bienfaizance récommandées & récompanſées.

Leur faire obſerver que les loüanges
de Dieu chantées ſont une réconnoiſſance de ſes bienfaits qui eſt Juſtice dans
ceux qui les ont reçus.

VIII. *Catechiſme Latin.*

Les deux *credo* à expliquer & appuyer
toujours ſur les punitions des injuſtices
& ſur les récompanſes de la charité
bienfaizante.

IX. *Peres de l'Egliſe.*

Leur faire dire quelque choze de
leurs ſermons ſur la puniſion des injuſtices & ſur la récompanſe de la vertu.
La lecture leur ſera plus utile en Franſois qu'en Latin, & il faut vizer à la
plus grande utilité.

X. *Promenades.*

Talans   J'ajouterois les jeux de courſe comme aux barres, jeu de paume, jeu de
volant ſelon la ſaizon & ſelon le tems:
Il faut faciliter la tranſpiration par les
mouvemens vifs & promts.

XI. *Jeux de Commerce.*

Talans   Comme Trictrac, Echets, Piquet,
&
Vertus   Quadrille, y recommander la politeſſe,
obſerver les impoliteſſes.

12. Au-

XII. Aumones de la dixième partie Vertus
de leur bourſe aux pauvres familles
chargées d'anfans dans le faubourg
données par les écoliers mêmes, afin
qu'ils aïent eux mêmes le plézir de
voir la joye des pauvres qu'ils ſoula-
jent.   Chacun aura ſon tour pour la
diſtribution.

Les Fêtes & les Dimanches ſont deſ-
tinez plus particulièremant pour les
euvres de vertu, de Sainteté, de Religion & par raport à la vie future ;
Mais à l'égard des autres jours de la
ſemaine, il faut auſſi des exercices de
vertu ; Mais il faudra aux motifs éternels y ajouter les motifs tanporels, tels
que ſont les maux que cauzent dans
la vie les injuſtices que l'on commet, en
montrer des exanples dans tous les criminels dont on parle dans les nouvelles
publiques & des autres malhureux.

Pour obtenir les biens tanporels que
procure la Bienfaizance, montrer dans
nos Grans Hommes les exanples de grande fortune, d'honneurs perſonels diſtinguez.

Et il faut les jours ouvriers non ſeulemant faire des exercices pour aquérir
de la vertu avec diſtinxion, mais ancore

core faire des exercices pour aquérir des talans pour fervir fa Patrie avec plus de diftinxion que fes pareils. Il faut donq cultiver la mémoire des belles maximes, des beaux fantimans dans les Poëtes François, dans le Latin & & dans la vie des Hommes Illuftres, cultiver l'intelligence dans les Arts & dans les Siances, cultiver la juftefse de jugemant & de raizonemant dans nos difcours.

Il eft utile pour l'agrémant & pour le progrez des Ecoliers de mêler les exercices pour la vertu avec les exercices pour les talans. On leur procurera ainfi fans cefse du nouveau par ce mêlange.

Mais il faut toujours obferver de mettre un peu plus de tems aux exercices plus utiles qu'aux exercices moins utiles.

Il faut anfin que le Précepteur fe fouvienne toujours du bût de la bonne éducafion : Vertus diftinguées & talans diftinguez pour fes Ecoliers.

Lundi Matin.

OBSERVASIONS.

I. On ne ſauroit trop diverſifier les exercices des Ecoliers; Ainſi ces 20. Articles d'exercices ne ſont pas trop nombreux.

II. Il ſanble que l'Article de la Sphère doit précéder l'Article de l'Almanac & y être uni. Il eſt bon que tous les Anfans ayent dans leur mémoire les deux ouvrages de ces deux Articles & les autres livres Claſſiques de ces Siances pour y avancer tous les mois & tous les ans.

III. Je ne m'aſſujetirois point au Saint du jour, mais ſeulemant à la lecture journalière des vies des Saints les plus grans en vertus, en talans, & en bienfaits anvers la Patrie, avec des réflexions ſur la diférante valeur de leurs axions & de leurs ouvrages. Il faut anſégner à eſtimer juſte, à blamer juſte, mettre cet Article en deux ou trois réprizes, la moitié du matin & de l'aprèz diner. Souvant dans le Saint du jour il n'y a rien qui ſoit digne de rémarque.

IV.

Talans   IV. Il faut choizir de la Bible Latine à traduire les beaux androits Hiftoriques ou il y a peinture ou de vices ou de vertus.

Vertus   L'Hiftoire de Jozef fils de Jacob ou l'on voit fa douceur, fon humanité & fa Bienfaizance anvers ceux qui l'avoient vandu. Faire joüer la Comédie de ce Jozef faite par l'Abbé Geneft. Cela regarde les exercices de la vertu.

Je ne voudrois pas leur rien apprandre de Fédre. Cette Comédie eft trop propre à cacher la grandeur du grand crime de Fédre, d'avoir accuzé ou foufert que l'on accuzât un innofant d'un crime capital. L'Auteur y a montré de l'Efprit, mais non pas de l'horreur pour les grans crimes; Ainfi il n'a pas gagné du coté de fa réputafion.

V. La lecture & la répétifion du Catechifme Hiftorique, autre livre Claffique peut être trèz utile, purvû que l'on s'arrête un peu davantage fur les androits qui fourniffent des réflexions fur la Juftice & fur la Bienfaizance comme les moyens les plus éficaces pour éviter l'anfer & pour obtenir

le

le Paradis; C'eſt un exercice des vertus qu'on peut remettre à l'aprèz-di-
ner.

VI. Les Auteurs Claſſiques Latins Talans
à traduire, tels que Ciceron dans ſes
offices, & quelques androit de morale
d'Horace & de Virgile ſont bons à traduire & à rétenir par mémoire

VII. La lecture de Jozef eſt agréable, c'eſt auſſi un livre Claſſique;
Mais il faut particuliéremant s'arrêter
ſur les androits ou l'on peut faire rémarquer ou la juſtice ou la bienfaizance récompanſée & l'injuſtice punie.

VIII. Parmi les eſtampes de l'E-
criture, il faut de même plus étudier Talans
celles qui réprézantent des actions ou &
loüables ou blamables, les unes punies, Vertus
les autres récompanſées.

Lundi aprèz Midi.

IX. Il ne faut point lire la Gazète Talans
ſans Carte de l'Europe. Faire obſerver que parmi nos concitoyens il y a
des procèz, mais qu'il n'y a point de
Guerres, point de pillages, point
d'Incendies, point de meurtres, point
de Sang répandu, parce qu'il y a des

juges équitables qui veulent faire éviter les malheurs de la Guerre, & qui ont la force à la main pour punir celui qui veut cauzer les malheurs de la Guerre & qui ne veut pas exécuter leur jugemant, mais que les Etats & les Souverains n'ont pas ancore jufqu'ici un pareil bonheur que les particuliers d'un Etat qui a des juges puiffans & équitables.

Expliquer à l'Ecolier les intérêts de chaque Prince fur chaque article de la Gazète & lui montrer la juftice ou l'injuftice, la prudance ou l'inprudance d'un Souverain, quand on en trouvera des exanples. Faire eftimer ou blâmer à propos.

Talans & Vertus X. Morceaux de l'Evangile Françoize à traduire en Latin, par exanple le fermon fur la montagne de St. Matthieu ou il eft dit de la charité bienfaizante : *Hoc eft enim lex & Profetæ.* C'eft l'effantiel de la religion pour obtenir le Paradis.

Juftesse XI. Sur l'explicafion des Poëtes & autres Auteurs Claffiques je n'ai rien à dire de plus, fi non qu'il faut les critiquer, c'eft à dire loüer ce qui eft loüable du coté de l'Efprit utilemant

an-

anploié, & à proporſion du beau &
du bienfaizant qu'il fait obſerver, &
blamer ce qui eſt blamable & à proporſion de l'injuſtice du cœur & de
l'injuſteſſe de l'Eſprit.

XII. Sur la lecture de l'Hiſtoire de Talans
France du Pere Daniël. On pouroit
peut être la commanſer plutôſ par les
derniers regnes, afin que les chozes
çonnuës menaſſent avec plus de curio‑
zité vers l'inconnu, en rémontant aux
premiers regnes avec le ſecours des der‑
niers regnes; Et cela me fait panſer
qu'avant le Pere Daniël il faudroit leur
faire lire les événemans d'aujourdui juſ‑
qu'au tems dont il parle.

Il faut une ou pluſieurs Cartes de
France ſur la quelle, ou ſur leſquelles on
marquera les bornes du Royaume ſous
chaque race.

Faire ſantir que la longue poſſeſſion Talans
donne aux Rois ſucceſſeurs un droit &
legitime qu'ils n'auroient peutêtre pas Vertus
ſans elle.

Juſtice, Bienfaizance & Talans di‑ Talans
ſtinguez dans St. Louïs & Henri IV.

XIII A l'égard du jeu d'Hiſtoire,
je le regarde comme une répétition des
principales époques & de la Cronologie

 de

de l'Hiſtoire Univerſelle de Mr. Rolin. On peut la faire ſur ſa table Cro-
nologique qui doit être auſſi regardé
comme un Livre Claſſique comme
l'Hiſtoire du Pere Daniël.

Talans   **XIV.** Il me ſanble qu'il faudroit
joindre le jeu du Dictionaire Latin avec
les livres latins claſſiques.

Talans   **XV.** A l'égard de l'Aritmétique il
en faut auſſi unl Livre Claſſique, & il
me ſemble qu'il ſeroit bon que les ecoliers formaſſent plus ſouvant des nombres des faits qu'ils auroient à rétenir,
que des nombres qui ne fuſſent attachez à aucun fait, par exanple, qu'ils
ſe ſouviſſent plutôt du chifre 1656 qui
ſignifie le nombre des années avant le
déluge que du chifre 1657. qui ne ſignifie
rien : 1022 Etoiles fixes vuës avec les
yeux que 1022 riens : Quelques dénom-
bremans du livre des Nombres : Combien dans une année commune compozée de dix ans il nait de perſonnes à
Londres, à Paris, à Vienne &c: combien il y en meurt. Les révenus du
Roi en tems de Paix, le nombre des
Evechez, des Paroiſſes, la dépanſe Mi-
litaire de telle année de Paix, com-
pris la Marine ; Ainſi les dénombre-
mans

mans des petits Almanachs ſeroient auſſi des Livres Claſſiques que les E-coliers pouroient aprandre par Mé-moire.

XVI. Un Livre de Blazon eſt auſſi un Auteur Claſſique. Il eſt à propos de connoître les armes des Grans du Royaume & dès Miniſtres, pour re-connoître leurs Caroſſes. Trez peu de tems à cette étude. *Talans*

XVII. Livre Claſſique de la Sphè-re & de Géografie: Cette étude deman-de plus de tems que le Blazon. *Talans*

XVIII. Anſégner à bien lire en pu-bliq & un peu à bien déclamer des pa-roles paſſionées.

XIX. Dialogue de juriſprudance. Leur apprandre à plaider l'un contre l'autre. *Talans*

Adiſions au Plan.

I. Montrer le ſoir les conſtellations & les Planêtes. *Talans*

II. Anſégner à deſſiner. *Talans*

III. Anſégner un peu de Muzique & de Violon. *Talans*

IV. Anſégner quelque choze de l'Anatomie des animaux. *Talans*

F 3

V.

V . Anſégner la juſteſſe dans les jugemans & ſur tout dans les rézonemans
par la Critique des androits des livres
Claſſiques & autres. Ces exercices méritent plus de tems dans la journéc à
proporſion qu'ils ſont plus utiles pour
randre l'Eſprit juſte.

Vertus   Nous trouvons des livres Claſſiques
pour les Talans nous n'en trouvons
point pour les Vertus; Mais on peut
en faire par les extraits des vies des
Grans Saints, & des autres Grans
Hommes.

Mardi.

OBSERVASIONS.

I. Comme il y a plus de raport entre l'Italien & l'Eſpagnol, j'aimerois
mieux les étudier le même jour & de
ſuite, & comme il y a plus de raport
antre l'Anglois & l'Allemand, on peut
les étudier le mercredi matin & de ſuite. Ces langues nous ſont plus utiles
pour nos afaites que le Latin; Ainſi il
ſufit que les ecoliers les ſachent un peu
traduire & ſur tout les prononcer à peu
prèz comme le Latin.

l'An-

l'Anglois eſt fort dificile à prononcer, parce qu'il eſt trèz mal Ortogra-
fié, & parce que les Ecrivains Anglois
n'ont pas eu ſoin de changer l'Ortografe à mezure que leur Prononcia-
tion a été changée de ſiécle en ſiécle
ſur diférans mots. Notre Ortografe eſt
moins défectueuſe que la leur.

Ceux qui ſelon leur profeſſion auront bezoin d'aprandre ces langues plus
à fonds, feront bien aizes d'avoir déja
aquis le plus dificile dans leur anfance,
c'eſt à dire les commancemans, comme Grammaire & Dictionaire, il en
eſt de même des Siances. On doit en
anſégner dans l'éducaſion les commancemans, afin que ceux qui voudront
les aprofondir y trouvent moins de dificulté.

Mais la Siance que l'on ne ſauroit
pouſſer trop loin dans l'éducaſion, c'eſt
la Morale ſpéculative, & ſurtout la
Morale pratique. On ne ſauroit avoir
le ſouvenir des grans motifs de nos
axions trop prézans pour l'augmenta-
ſion de notre bonheur par la pratique
de la vertu; C'eſt que cette pratique
regarde toutes les condiſions & tous les
F 4

ages,

ages, & regarde auſſi le bonheur éternel comme le bonheur tanporel.

II. Quand l'écolier aura appris à
bien écrire lantemant, il faut qu'il a-
prenne à ecrire liziblemant & vite.

III. l'Utilité de la Danſe, de la
Muzique & des Inſtrumans ne durent
que dans la première jeuneſſe ; Ainſi il
ne faut pas y mettre beaucoup de
tems.

IV. Je ne voudrois de Ciceron que
de officiis: Des devoirs de l'honnête Hom-
me, afin d'avoir ocazion de parler de
Morale, ce qui eſt ancore plus utile
à l'écolier que la *grande* connoiſſance
du Latin.

V. Je voudrois l'Hiſtorien Jozef en
François de Mr. Arnaud d'Andilly
comme Livre Claſſique, & y faire toujours rémarquer, comme dans les Comédies, la vertu & les talans récompanſez & les injuſtices punies.

VI. Je ne voudrois point d'Ovide,
ni de Terence; c'eſt qu'il ne faut pour
le Latin que le ſavoir bien traduire.

VII. Je ne voi pas aſſez de Morale
l'aprèz midy du mardy. On pouroit
y placer l'Hiſtoire Ancienne de Mr.
Ro-

Rolin & s'arrêter ſur les ſuccez comme effets des talans & des vertus. Je regarde auſſi cet ouvrage comme livre Claſſique.

La moitié de l'éducaſion doit être des exercices ou des lectures des diférantes vertus, ou dans les Hiſtoires, ou à faire les recits d'axions vertueuzes, & dans les Déclamaſions ou dans les Réprézantaſions, ou dans les chanſons Hiſtoriques ou odes ſur les Grans Hommes, ou himnes ſur les Saints.

Il vaut beaucoup mieux choizir 366 vies de Saints ou de Grans Hommes pour avoir divers exanples de vertu à imiter, que des Saints ou il n'y a rien à imiter ſur les talans & ſur les vertus. Il y a des vies qui peuvent durer deux ou trois jours.

VIII Comme je voudrois que les petits Coléges puſſent fournir ſouvant des ecoliers aux grans Coléges pour la Rétorique & pour les autres Siances depuis 12. ans, je voudrois auſſi que ces petits Coléges puſſent élever leurs Panſionaires juſqu'à dix ſept ans & leur anſégner à peu prèz tout ce que contiennent la plupart des livres Claſſiques de Filozofie, & même avec plus de

 ſucfuccèz, en leur anfegnant de bonne heure comme dèz neuf ou dix ans, les commancemans de toutes ces Siances, & en les y avançant chaque année par dégrez jufqu'au plus haut dégré de ces Siances que l'on puiffe apprandre dans les livres Claffiques de chaqne Siance, & tels feront les jeunes écoliers qui ne font point deftinez à prandre des dégrez dans aucune Univerfité.

De là il fuit que dès neuf ou dix ans on peut leur anfégner plufieurs expériances & plufieurs raizonemans de Fizique à leur portée & les commancemans de la Jurifprudance, de la Téologie, de la Logique, de la Métafizique, de la Chimie, de l'Anatomie, de la Médecine, qui feront à leur portée & les continuer ainfi d'année en année doucemant dans toutes ces Siances humaines, jufqu'au plus haut degré des livres Claffiques dont on leur expliquera une partie année par année.

IX. Il y a une obfervafion inportante avant que d'expliquer les Siances qui font plus curieuzes qu'utiles, c'eft de montrer aux écoliers en détail leur utilité, combien ils contanteront leurs

Pa-

Parans & combien en les contantant ils travailleront pour l'augmantaſion de leur bonheur tant pour cette premiére vie que pour la ſegonde vie, en pratiquant la réconnoiſſance anvers leurs Parans.

Sur le Mercredi.

OBSERVASIONS.

I. Il faut de la Cronologie, mais jointe à un peu d'Hiſtoire des Hommes Illuſtres & à un peu de Géografie, & marquer qu'ils doivent leur Illuſtraſion à leurs talans & à leurs vertus, & leur malheur à leur inprudance ou à leur injuſtice. On pouroit dreſſer une Cronologie par les Hommes Illuſtres de chaque ſiècle.

II. Je ne leur anſégnerois ni la quantité des Sillabes & mots Latins, ni la manière de bien ſcander les vers de cette langue, ſi ce n'eſt peut être une fois en un mois, j'aimerois mieux quelque autre exercice plus utile.

III. A l'égard de la vie des Saints & des Grans Hommes y joindre toujours la Cronologie & la carte Géogra-

grafique & en faire réciter quelque fois
quelque choze.

IV. Retourner des vers Latins &
en faire eſt ancore plus inutile à l'é-
colier que le Greq ou l'Hebreu ; Ainſi
il faut ranplacer cet exercice par un autre ; Et efectivemant cela ne ſe peut
pas prézantemant compter au nombre
des exercices fort utiles ni dans la Guer-
ne, ni dans la Magiſtrature, ni dans
le Clergé, ni dans la Négociation &c.

V. Je ſuis bien aize de voir la Politique parmi les Siances dont il faut
donner des commancemans aux jeunes
gens, & leur faire antandre le fort &
le foible des ouvrages de Politique démontrez & non démontrez, ſelon la
portée de l'Eſprit de leur age.

Je donnerois volontiers au petit Colége, pour en faire un livre Claſſique
Politique, deux exanplaires de mes
ouvrages, afin que les Précepteurs choi-
ziſſent les meilleurs androits.

VI. Il faut faire quelque table des
cas de la Politeſſe extérieure qui eſt
une partie de la Bienfaizance, & la
faire aprandre par cœur, & une table des inpoliteſſes pour les faire éviter.

VII.

VII. Il faudroit faire une liſte des livres Claſſiques, cartes & machines & le prix, afin de les obtenir des Parans.

Obſervaſions ſur le Jeudi.

I. Les Dialogues ſur des Sujets de la converſaſion ordinaire qui ſe feroient en diverſes langues, me paroit un exercice utile.

II. Faire des queſtions ſur la Fable & faire réciter quelques androits, eſt un exercice utile, quant à prézant, parmi nous pour antandre les ſujets de Peinture, de Scultûre, les Alluzions des Poëtes.

III. Outre les fables de la Fontaine qui eſt un livre Claſſique, je demanderois que l'on ajoutât les vint plus belles Fables de la Mote.

IV. Il faudroit travailler à faire un récueil des beaux androits de nos Poëtes. 1. Pour l'éloquance. 2. Pour les meurs, pour donner horreur des vices & des crimes. 3. Pour donner du reſpeÆ & de l'amour pour la vertu. 4. Pour les Peintures des Grans Talans. 5. Pour tourner les vices en ridicule.

V.

V. Herborizer au jardin du Roi, & la Chimie.

V I. Voir des peintres & des Sculteurs.

V I I. Voir plaider à diverses jurisdixions.

V I I I. Voir des Artizans de diférans métiers, voir les Gobelins.

I X. Jeux de Comerce. On les aprand mieux quand on les aprand dèz la première jeunesse, & on les aprand à joüer polimant & noblemant. Ce font tous exercices utiles.

OBSERVASIONS.

Sur le Vandredi.

Les Dialogues fur les loix & fur les queftions litigieuzes font des exercices utiles, & pour cela il feroit à propos de faire lire quelques factums pour & contre dans les cauzes célébres.

OBSERVASIONS

Sur le Samedi.

I. J'aprouve fort la répétifion de la femaine, mais feulemant des chozes les
plus

plus utiles ou pour augmenter la vertu,
ou pour augmanter les talans les plus
utiles à la Societé.

II. Il feroit à propos de donner
deux prix, un de valeur double pour
la diſtinxion dans la vertu, l'autre de
valeur ſimple pour la diſtinxion dans
les talans.

III. Les donner chaque mois, mais
rémarquer le Samedi ſur un Regître,
celui qui aura mieux réuſſi durant la
ſemaine pour le couronner le ſamedi de
la quatrième Semaine.

IV. On pouroit réformer le tableau
des exercices ſur ces obſervaſions, &
le réformer ou perfexioner tous les
mois ſur les expériances & ſur les réflexions pour en imprimer une centai-
ne d'exanplaires dans un an, afin de les
diſtribuer aux parans, & de pouvoir
toujours les perfexioner.

V. Il faut une tablature courte pour
les Regens ou Précepteurs, ou il n'y ait
que peu de mots pour les diriger jour
par jour. Mais il en faut une autre rai-
zonée & motivée pour les parans, &
pour les amis afin d'établir la réputaſion
de la Métode, afin de porter les autres
à l'imiter.

OB-

OBJEXION.

Votre plan d'éducafion n'eft point pour des externes. Il ne peut fervir qu'aux Panfionaires & peu de perfonnes font affez riches pour peyer des panfions fi fortes.

REPONSE.

I. Les Panfionaires font ordinairemant plus jeunes que la plupart des externes & ont plus bezoin de Préfets pour les contenir dans la chambre & pour les obliger à faire ce qui eft préfcrit, au lieu que les externes qui font rézonables & qui favent l'utilité de leur aplicafion, ont moins bezoin du Préfet pour travailler feuls.

II. Il eft vrai que les externes feront un peu moins bien inftruits que les Panfionaires, mais il eft raizonable que ceux qui ont le moyen d'avoir plus de gens de mérite apliquez à l'éducafion de leurs anfans, foient mieux fervis, & communémant, le refte étant égal, il eft plus inportant à la République que les grans & les plus riches ayent une meilleure éducafion que les pauvres & les moins riches.

III.

III. Il y aura toujours des Colèges pour les ſeuls externes pour y aprandre la langue Latine, mais ils ſeront moins inſtruits que les Panſionaires. Il eſt vrai que la meilleure métode eſt la plus chére, mais c'eſt à cauſe qu'elle demande plus de Précepteurs, ou plus de bons ouvriers pour ſe ſervir de cette métode, & pour randre l'éducaſion plus parfaite.

OBJEXION II.

On ne peut pas aprandre le Latin ni les langues vivantes ſi l'on ne commance dèz huit ans, & vous propozez de ne commancer le Latin qu'à dix ans.

REPONSE.

A la bonne heure que l'on commanfe dèz huit ans à aprandre quelque choze du Latin, de l'Italien, de l'Eſpagnol, de l'Aleman & de l'Anglois, & que l'on mette un peu plus de tems au Latin qu'aux autres langues, mais prenez garde de donner plus de tems au moins utile qu'au plus utile.

OBJEXION III.

Vous préférez les Moines aux fécu-
liers pour le Gouvernemant des Colèges; Ainfi tout iroit aux Moines.

REPONSE.

I. Il eft à propos qu'il y ait de fé-
culiers & de deux fortes de Moines,
afin de conferver parmi eux trois de
l'émulafion à qui réüffira le mieux.

II. On fupoze que les Moines que
l'on anploïera à cette éducafion, lorsqu'ils auront des Généraux de leur ordre dans chaque Souveraineté ou ils
travaillent, ils connoitront tous les
devoirs de toutes les profeffions & de
toutes les condifions de leur Etat, &
ne feront pas folitaires comme quelques uns de nos Moines: Ils auront
de la vertu, mais ils auront auffi des
talans & feront propres à anfégner les
Siances.

OBJEXION.

Vous ne donnez point de jours de
congé aux Ecoliers.

R E-

REPONSE.

Je demande pour les Ecoliers des jours de congé, car il faut des jours d'amuzemant ; Mais je demande que ces amuzemans leur ſoient un peu utiles, & cela ſe peut en choiziſſant & dirigeant leurs amuzemans. Mon deſſein au contraire, c'eſt de parvenir à tourner peu à peu toute leur aplicaſion & leurs travaux en amuzemans & en plézirs innoſans, ce qui eſt dificile, mais non pas inpoſſible avec le tems & avec l'expériance.

Dans la plupart des jeux ce qui plait le plus aux anfans, c'eſt d'y réüſſir mieux que les autres : Or dans les travaux d'aplicaſion il n'y a qu'à les loüer à propos ſur leurs diférans ſuccèz.

La métode des bureaux Tipografiques qui ſervent aux petits anfans pour aprandre à lire le Latin avec facilité & qui eſt même pour eux un amuzemant, au lieu que d'aprandre à lire c'eſt une grande péne par les autres métodes, c'eſt une preuve démonſtrative que les plus jeunes anfans peuvent s'apliquer avec plézir, il ne leur manque ſouvant pour d'autres aplicaſions

 que

que de favoir les réduire en jeux, mais
peu à peu les hommes y arriveront ;
Car la Raizon humaine va tous les Sie-
cles en croiffant.

OBJEXION V.

Si vous faiziez une tablature de
ce que les Regens doivent faire par femaine, par mois, par an dans leurs
Claffes, & les Précepteurs dans leurs
chambres, vous verriez que votre fi-
ftéme eft inpoffible dans la pratique.

REPONSE.

I. On vient de lire un canevas de
cette tablature, & les Regens & les
Précepteurs peuvent tous les mois,
tous les ans la perféxionner, mais telle
qu'elle eft, ils peuvent la mettre en
exécution ; Ainfi il n'eft pas inpoffible
dans la pratique.

II. Ce qui eft déja en pratique en
petit, peut facilemant fe faire de plus
grand en plus grand ; Or cette tablature eft déja en pratique dans plufieurs
panfions de cinq ou fix écoliers à peu
prèz de même age, c'eft ce que j'a-
pelle petits Coléges.

O B-

OBJEXION VI.

Dans votre métode il faudra beaucoup plus de livres Claſſiques aux
ecoliers : Il faudra des maitres à danſer, à chanter, à écrire, à compter,
à deſſiner &c. Et c'eſt une dépanſe de
plus.

REPONSE.

I. Comme ces maitres viendront
pour pluſieurs ecoliers & peu ſouvant,
il en coutera moins à chacun.

II. Je conviens de quelque dépanſe
de plus ; Mais c'eſt peu en comparaizon de la valeur des vertus & des talans
dont ils auront aquis les commanſemans
dans la nouvelle métode d'éducaſion ;
C'eſt faire faire aux parans un marché
trèz avantageux.

Obſervaſion ſur deux Panſions de Paris.

Outre la Panſion de Mr. de St. Isbert
rue de Sène qui me paroit la meilleure,
deſtinée aux anfans de 8 ans juſqu'a 12,
il y a ancore la Panſion du bout du pont
de Charanton qui eſt particuliérement
deſtinée aux anfans dépuis 4 ans juſqu'à 8,

                    on

on s'y fert auffi utilement du bureau Tipografique pour inftruire les Enfant en
les divertiffant [je préfére la Parfion
de Mr. de St. Isbert à nos Coléges ,
mais je lui préférerois de beaucoup nos
Coléges fi l'on s'y fervoit de la métode
de Mr. de St. Isbert.   Il eft vrais que
cette métode ne peut convenir qu'aux
parans riches à cauze du nombre des
bons Répétiteurs qui font néceffères
pour la pratiquer ; Ainfi il faudroit réünir plufieurs Coléges en un pour y a-
voir un nombre fufizant de bons ouvriers.

PANSION

DE

S^T. ISBERT,

Métode pour les meurs,
Juin 1739.

Lundi aprèz Midy.

*Récit des Vies des Hommes Illuſtres, &
des Obſervaſions ſur ces Vies.*

L'Ecolier aprèz avoir raconté la Vie de Sipion ou d'Epaminondas ou d'un autre Homme Illuſtre, dans une ou deux ſéances de demie heure chacune, récitera dans les ſéances ſuivantes trois ſortes d'Obſervaſions que le Précepteur aura faites ſur l'une & l'autre de ces vies.

I.

*Il Récitera les Obſervaſions faites ſur
la grandeur des avantages qu'il a procurez
à ſa Patrie.*

G 4

C'eſt

C'eſt qu'il n'a de réputation d'Homme Illuſtre que par ſe bienfaits publiqs; Or ces bienfaits publiqs ſont les
efets des grars talans qu'il a aquis par
ſa grande aplicaſion dont il a aquis
l'habitude avec couraje & paſiance dèz
le tems de ſon educaſion.

Ces bienfaits publiqs ſont les victoires qui aſſurent la vie & les biens aux
citoyens.

Ce ſont les bons projets politiques
qui anfantent de bons réglemans & de
bons établiſſemans de Police, qui ont
fait ceſſer de grans maux, ou procuré
de grans biens à la Patrie.

I I.

*Il Récitera les obſervaſions ſur les axions
de Juſtice & de Bienfaizance qu'il a pra-
tiquez conſtament, ſoit dans ſa famille,
ſoit envers ſes voizins.*

C'eſt qu'il n'eſt eſtimable, il n'eſt
aimable que par une conduite vertueuze, c'eſt à dire juſte & bienfaizante
envers tout le monde, & ſur tout anvers ſa femme & ſes anfans, anvers ſes
parans, ſes amis & ſes voizins.

I I I.

I I I.

Il récitera sur tout les observations sur les grandes joyes & les grans sujets de joye, & combien il a passé de jours hureux par la grande considération qu'il avoit dans sa Famille, dans sa Ville, dans son Peïs.

C'est que d'un coté les grandes joyes, ses grans honneurs, ses grans anplois, ses grans révenus, sont les récompanses publiques de ses bienfaits anvers le publiq, & que les agrémans & les plézirs innofans de sa vie douce, tranquile, accompagnées des considéraifons düës à son mérite perfonel, sont la récompanfe naturelle de la Justice & de la Bienfaizance qu'il a exercées envers tout le monde.

I V.

Il récitera sur tout les remarques faites sur les impafiances, les manières méprizantes & les autres petites injustices de cet Homme Illustre, & ansuite les jaloux, les ennemis & les divers malheurs que ses fautes de politesse, de modestie & de bienfaizance lui ont attirez.

C'est qu'il faut sur tout éloigner les

G 5

éco-

écoliers des vices qui ofanſent les autres par la crainte des grans malheurs
qui en ſont les ſuites naturelles.

Tels ſont les quatre ſujets ſur les
quels les deux écoliers diſputeront entre eux ſur la préférance de chacun leur
Homme Illuſtre.

Celui-ci avoit plus de talans de tel
coté : Celui-là avoit plus de talans de
tel autre coté : L'un pour la parole,
l'autre pour les afaires : L'un pour les
Sièges, l'autre pour les Batailles.

Les bienfaits publiqs de celui ci ſont
plus grans; Celui-là par la douceur de
ſon humeur & par ſa paſiance a mené
une vie plus plène d'agrémans; L'un eſt
plus grand par ſes talans, l'autre plus
aimable par ſes vertus.

Quand ces deux écoliers auront dit
leur avis chacun pour ſon Homme Illuſtre, les autres écoliers qui les auront
antandus, & les autres auditeurs di-
ront auſſi leur avis ſur celui qu'ils préférent. Ce ſont des jeux & des jeux
trèz inſtruizans des chozes les plus inportantes de l'éducaſion.

Récit de la Vie des Grans Hommes qui ont eu le bonheur de croire leur ame immortèle.

Il faut auſſi que ces deux écoliers faſſent des obſervaſions ſur deux autres Hommes Illuſtres qui, éclairez ou par la Raizon ou par la Révélaſion, auront eu de la Religion, c'eſt à dire qui ont cru l'immortalité & qui auront craint les puniſions des injuſtices ou eſpéré les récompanſes de la bienfaizance dans une ſegonde vie pour leur paſiance, pour leur politeſſe, pour leur tolérance, pour leur indulgence ſur les erreurs, pour leurs dons, pour leurs pènes officieuzes & pour leurs autres erreurs de bienfaizance.

C'eſt que ce reſſort de récompanſe éternelle ne devient fort dans les hommes que par les fréquantes répétiſions qu'on leur fait faire des récits des plézirs & des joyes du Paradis deſtiné aux bienfaizans.

La meilleure educaſion eſt celle qui a de meilleures métodes pour faire aquérir aux écoliers en moins de tems plus de meilleures & de plus fortes

ha-

habitudes pour les randre eux, leurs
parans, & leurs citoyens plus hureux, tant dans la première que dans
la ſegonde vie. Ces habitudes regardent I. L'Aquizition de la vertu
ou du dézir de bien faire. II. L'A-
quizition des talans ou des moyens de
mieux exercer la Bienfaizance.

Or pour leur inſpirer durant leur
éducaſion un plus grand dézir d'a-
quérir des talans & des vertus ſanbla-
bles, quelle métode plus eficace peut
on anployer que les récits de la conduite des Grans Hommes dès leurs
premières années, & des grandes joyes
qu'ils ont goutêz, & des grans honneurs qu'ils ont reçus durant toute
leur vie par leurs grans talans &
par leurs grans bienfaits anvers leur
Patrie & leur Famille ? Peut on anployer des moyens plus èficaces pour
leur donner plus d'éloignement de la
colère, de la vangeance & des autres vices les plus haïſſables, que de
leur faire réciter des obſervaſions ſur
les grans malheurs que ces Hommes
Illuſtres ſe ſont attirez par ces grans
défauts, & pour leur faire rémarquer

quer avec plus de foin les divers dé-
grèz des bonnes & des mauvaifes qualitez de ces Hommes célebres? Peut
on mieux faire que d'établir entre ces
écoliers des difputes perpétuelles qui
puiffent fervir à leur faire mieux dif-
cerner & rétenir les principes néces-
faires pour juger avec plus de fajes-
fe des axions les plus eftimables, des
caractères les plus aimables & des
hommes qui ont été les plus hureux
dans cette vie & qui ont le mieux
mérité le bonheur d'une vie immor-
tèle.

SUR LE
GRAND HOMME,
ET SUR
L'HOMME ILLUSTRE.

LA Grande Puiſſance, le Grand Savoir, les Grans Talans peuvent ſe
rancontrer dans un homme trèz méchant. Alors on poura dire de lui,
il eſt fameux, il a fait beaucoup de
bruit, c'eſt un homme célèbre, c'eſt
un fameux ſcélérat. Mais on ne dira
jamais, c'eſt un Homme Illuſtre &
ancore moins, c'eſt un Grand Homme, c'eſt que les ſeules qualitez inté-
rieures de l'Eſprit utilemant anploïées
pour la Patrie font l'Homme Illuſtre,
& quand elles ſont accompagnées des
qualitez eſtimables du cœur, c'eſt à
dire de la vertu, elles font non ſeulemant l'Homme Illuſtre, mais ancore
le Grand Homme.

Ce ſont ces Grans Hommes qui mé-
ri-

ritent notre eſtime, nos loüanges &
notre reſpeĉt intérieur, car pour le reſpeĉt extérieur c'eſt le partage de
l'Homme Puiſſant, de l'homme qui
eſt dans une place élévée. L'eſtime
eſt duë à la perſonne, le reſpeĉt extérieur eſt dû à la place.

C'eſt pour cela que dans l'éducaſion
de la jeuneſſe, il vaut beaucoup mieux,
pour l'avantaje de la Societé, anploïer
plus de tems à former les jeunes gens à
la grande vertu par divers exercices,
qu'à les former aux grans talans, parce que ces talans ſont quelquefois nui-
zibles à la Patrie ſans une grande vertu.

SOLON, EPAMINONDAS, ALEXANDRE.

Chaque Naſion a ſes Grans Hommes. Nous ſommes portez naturellemant à les comparer antre eux, &
nous ne ſaurions bien diſcerner le quel
eſt le plus grand qu'en les comparant
les uns aux autres: Il faut donq comparer.

I. La grandeur de leurs talans & de
leur courage pour ſurmonter les grandes dificultez.

II. La

II. La grandeur de l'ambiſion vertueuze des uns, c'eſt à dire la grandeur de leur zele pour procurer le bien
publiq.

III. La grandeur des avantages ou
des bienfaits qu'ils ont procuré ou aux
hommes en général, ou à leurs concitoyens en particulier.

Epaminondas paroit le plus Grand
Homme d'entre les Capitaines Grecs;
Il eſt vrai qu'Alexandre à fait plus de
bruit par ſes Conquêtes, mais les dificultez qu'il a ſurmontées etoient, à
tout prandre, moins grandes que celles
qu'a ſurmontées Epaminondas; Or c'eſt
la grandeur des dificultez ſurmontées
qui prouve la grandeur des talans, la
grandeur du courage, & la grandeur
de la conſtance.

D'ailleurs ce qui eſt décizif dans la
comparaizon de ces deux Hommes,
c'eſt que les antreprizes d'Alexandre
n'avoient pour motif rien de fort loüable, puiſqu'il n'agiſſoit que pour ſon
propre intèrêt, pour ſon propre agran-
diſſemant, pour ſon propre plezir :
Motif qui n'a rien de véritablement
grand, & qui eſt ſouvant injuſte, au lieu
qu'Epaminondas avoit pour motif principal

cipal de ſes antreprizes le plézir qu'il trouvoit à procurer le ſalut & les grans avantages de ſes concitoyens, motif trèz vertueux & par conſéquant trèz loüable ; Auſſi Epaminondas procura t'il plus d'avantage à ſa Patrie qu'Alexandre à la ſienne.

Ainſi Epaminondas eſt Grand Homme, & Alexandre n'eſt que Conquérant, un Guerrier, un Capitaine célèbre, un Roi d'une grande réputaſion antre les Rois, antre les Conquérans, en un mot ce n'eſt au plus qu'un *Homme Illuſtre*, & moins illuſtre par ſes grands bienfaits anvers la Gréce ſa Patrie que par ſes grans ſuccèz.

Il eſt permis de n'avoir pour motif de ſes deſſeins que ſes intèrêts particuliers lors qu'il n'y a rien d'injuſte : Il eſt même permis d'avoir ſes plézirs pour motifs de ſes antreprizes lors qu'il n'y a rien que *d'inoſant* & de conforme à la bienſéance.

Agir uniquemant pour ſes intèrêts, pour augmanter ſa fortune ou ſes plézirs, c'eſt le train ordinaire du commun des hommes ; Mais ce qui n'eſt que *permis*, n'a rien de diſtingué, rien

de vertueux, & par conféquant ne mérite aucune loüange.

Les antreprizes qui ne font ni loüables, ni vertueuzes, parce qu'elles n'ont
point pour motif l'intèrêt des autres,
ou l'intèrêt publiq, peuvent avoir
quelquefois une grandeur aparance par
les grans fuccèz, telles que celles d'A-
lexandre; Les grandes dificultez qu'il
a furmontées excitent notre admirafion
& prouvent ou le grand courage ou les
grans talans; Ainfi les grans fuccèz des
antreprizes dificiles peuvent bien randre un Homme trèz Illuftre, trèz célèbre, mais fans motif vertueux elles
ne fauroient jamais en faire un *Grand
Homme*.

Telle eft la règle que nous diête la
raizon; Or quelle grande augmantafion de bonheur rézulta t'il des conquêtes d'Alexandre, foit pour les Macédoniens, foit pour les Républiques
Grèques, foit pour le janre humain.

Celui qui furmonte de grandes dificultez mérite notre admirafion, mais
il ne mérite pas toujours notre eftime
& nos loüanges. Nous admirons un
excèlant danfeur de corde. Nous re-
gar-

gardons avec étonemant ces indiens su-
perftitieux qui font des abftinences &
des macérafions corporèles qui fam-
blent furpaffer les forces de la Nature,
ils font des chozes extrémemant dificiles, nous en admirons la dificulté,
mais cette admirafion n'eft pas jointe
à une grande eftime de leur caractère,
au lieu que nous accordons l'admirafion, la grande eftime & la bienveillance .
à ceux qui comme Epaminondas, viennent à bout d'antreprizes qui, d'un
coté, font trèz dificiles & de l'autre,
trèz avantajeuzes à leur Patrie.

Si j'avois un Greq à comparer à E-
paminondas ce feroit Solon qui furmonta de grandes dificultez par fes
grans talans, par fa grande conftance
& qui avec des motifs parfaitemant
vertueux randit de grands fervices à fa
Patrie en lui faizant aprouver des Loix
fajes & falutaires.

SIPION, CEZAR, SILLA.

Entre les Romains c'eft Sipion vainqueur d'Annibal qui. nous paroit furpaffer les Grans Hommes Romains.
Cézar n'exécuta rien de fi dificile que

Sipion, il n'eut jamais d'Annibal à furmonter.

Cézar augmanta la puiſſance de Rome, mais Sipion, en augmantant la Puiſſance de la République, ſauva les Romains de la ſervitude des Cartaginois, il affermit la liberté intérieure de la République Romaine, & augmanta ſa puiſſance de toute la puisſance de la puiſſante République de Cartage.

A l'égard des motifs de Cézar, il ne travailloit que pour ſa propre élévaſion, & pour augmanter ſa propre puiſſance, au lieu que Sipion dans ſes antreprizes cherchoit ancore plus l'honneur & le plézïr de randre de grans ſervices à ſa Patrie, en lui conſervant toute ſa liberté au dedans, & en augmantant de beaucoup ſon pouvoir au déhors, qu'il ne cherchoit à augmanter ſa propre grandeur.

Il eſt vrai que Cézar en travaillant pour lui dans les Conquêtes des Gaules, randit de grands ſervices à la République, mais dèz qu'il ſe ſert des forces & de l'autorité que les Romains lui avoient confiées pour en ranverſer le Gouvernemant & pour s'en randre
lui

lui même le Tiran, je n'arrête plus
mes jeux fur les fervices qu'il a randus,
je les arrête dèzormais uniquemant fur
fa trahizon. Il ne me paroit plus qu'un
fcélérat ambifieux, célèbre par fes grans
talans & qui cachoit de trèz injuftes in-
tanfions en randant des fervices à fa Patrie.

Il eft fi vrai, qu'à tout prandre, il
mérite beaucoup plus d'être blamé que
d'être loüé, que s'il avoit eté tué à
Pharfale ou il fit périr tant de Romains, & que Pompée dévénu vainqueur eut randu au Senat fon ancienne
autorité & au peuple la liberté des fu-
fufrajes comme avoit fait Silla, il eft
certain que Ciceron, Hortenfius, Caton & les autres bons citoyens n'eus-
fent fait aucune dificulté de mettre
Cézar vaincu & puni en paralèle avec
Catilina cet autre habile & courajeux,
avec cette diféranfe, qu'ils euffent
trouvé que fi Cézar avoit randu à la République de plus grans fervices que Catilina, il lui avoit cauzé auffi de beaucoup plus grands malheurs, de forte
que fon nom fut venu jufqu'à nous
chargé de la même exécrafion que le
nom célèbre de Catilina, qui de fon

H 3

coté

coté ne manquoit pas de grans talans,
mais qui manqua de fuccez dans fa dé-
teftable antreprize.

Cézar eut pour bût de fe randre
maitre du Gouvernemant & par confé-
-quant de bouleverfer la République en
lui ôtant fa liberté, il réuffit dans cette horrible antreprize Catilina forma
un famblable deffein & y fuccomba.
En bonne foy qui de nous ozeroit con-
clure du fuccèz de Cézar que c'eft
un Grande Homme, tandis que l'autre,
uniquemant faute de fuccez, n'eft qu'un
fcélérat exécrable.

Or qui ne voit qu'ils ne font efectivemant tous deux que des hommes trèz
injuftes qui avoient de grans talans, mais
qui les amploïerent mal a mal faire & qui
facrifioient injuftemant & fans fcrupu-
le les plus grands intèrêts de l'Etat à
leur intèrêt particulier, & que parcon-
féquant ils étoient dans le fonds tous
deux dignes de la haine & de l'exécra-
tion publique.

Et il ne faut pas croire que Cézar fe
foit randu maitre de la République feulemant de peur que Pompée ne s'en
amparât le prémier; Car s'il avoit eu
pour prémier motif le falut & la grande

de augmantasion du bonheur de sa Patrie, n'auroit il pas, en rentrant dans Rome victorieux de la tiranie de Pompée, n'auroit il pas, dis-je, randu à ses citoyens la liberté des sufrajes pour le choix des Magistrats & des ministres de l'Etat? N'auroit il pas restitué la Souveraine Autorité au Senat & au peuple? N'auroit il pas de concert avec Caton & avec les autres gens de bien perfexioné la Métode du Scrutin dans les Elexions, sur tout pour les principaux amplois? N'auroit il pas travaillé avec eux à fermer ainsi pour toujours aux scélérats futurs les voyes de la corrupsion des sufrajes qu'il avoit lui même mise en uzaje pour arriver aux amplois publiqs?

C'étoit là l'unique voye de se faire la plus belle & la plus grande réputasion qu'un homme de bien eut pu dézirer; C'étoit pour lui l'unique voye pour arriver à ce titre suprême de *Grand Homme*, ou il ne pouvoit arriver que par la voye de la vertu; Mais il n'eut jamais assez de lumière ni l'Esprit assez pénétrant & assez juste pour connoître en quoi consiste la plus aimable & la plus estimable supériorité

 de

de l'Homme : Il n'eut pas l'ame affez
grande pour fantir, comme Caton,
que la qualité effantièle aux Grands
Hommes, c'eft de vizer à la joye & à
l'honneur d'augmanter de beaucoup à
leurs propres dépans le bonheur de fes
concitoyens ; Il prit à gauche, il fui-
vit la route ordinaire des ambifieux du
commun qui, au lieu de facrifier à la
véritable grandeur qui eft immuäble &
éternèle, ne facrifient qu'à la grande
puiffance qui n'eft qu'une grandeur extérieure & brillante aux yeux du vulgaire, mais fauffe, paffajère & digne de
mépris en comparaizon de la grandeur
que forme le bon uzaje du grand pouvoir par la pratique de la Juftice & de
la Bienfaizance.

Je fupoze dans le tems de Cezar un
riche comerçant dans Rome qui, pour
anrichir fa famille, s'eft expozé à de
grands périls & qui a furmonté de
grands obftacles, tant par fon grand
efprit que par fon grand courage, il
eft parvenu à une fortune éclatante,
fans faire aucune injuftice à perfonne,
nous ne le mettrons ni parmi les Grands
Hommes, ni même parmi les Hommes Illuftres de la République, parce
qu'il

qu'il n'a point procuré de grands bienfaits à ses concitoyens , mais seulemant à sa famille; Or il a du moins
pour lui de n'avoir rien fait qui soit blamable dans la conduite de sa vie, il n'a
rien à se réprocher, il à fait en grand
ce que le commun des bons marchands
de la République faisoient en petit : Il
a fait une grande fortune mais sans o-
fanser ni l'État ni les particuliers; Au
lieu que Cézar, en aquérant plus de
richesses, plus de pouvoir que le marchand, ranverse le gouvernemant de
sa Nation, & par les guerres civiles lui
cauze une infinité de grans malheurs.

Pour juger du prix réel de ce grand
Conquérant & de ce grand comerfant,
il n'y a qu'à songer qu'aucun bon citoyen n'auroit souhaité la mort du grand
comerfant, au lieu que tous les gens
de bien eussent fort souhaité que Cézar ce grand Capitaine ne fut jamais
venu au monde; Or pouroit on prandre pour Grand Homme celui que ni
les hommes en général, ni sa Patrie,
ni les gens de bien en particulier, ne
sauroient regrèter.

Ceci paroîtra fans doute un paradoxe etonant à tous les lecteurs prévenus fotemant dèz leur antanfe par de fots pedans en faveur de Cezar, & plutôt en faveur de fes grans talans & de fon grand pouvoir qu'en faveur de fa grande vertu; Mais je parle hardimant quand je parle pour la juftice & pour le bien publiq, fi j'attaque leurs anciens préjugez, il leur eft permis d'attaquer ou mes principes ou les conféquances que j'en ai tirées.

Je croi bien que Silla premier tiran de la République s'ampara de l'Autorité Souveraine de peur que Marius fon ennemi, autre homme trèz dangereux, ne s'en amparât lui même. Mais anfin aprèz avoir vècu pandant fa Dictature avec les fantimans d'un tiran, & aprèz avoir en homme du commun exercé plufieurs annés le pouvoir tiranique, il comprit anfin qu'il ne pouvoit jamais être digne du titre de *Grand Homme*, ni même d'un Homme Illuftre au quel il avoit afpiré dèz fa plus tendre jeuneffe, s'il ne fe foumetoit aux loix fondamantales de l'Etat, il comprit qu'il ne pafferoit que

pour

pour un fcélérat illuftre tant qu'il demeureroit feul, malgré les loix, en
poffeffion de toute la puiffance de la
République. Ainfi il prit fajemant
le parti d'abandonner cette Puiffance
Souveraine & de randre à fes concitoyens la liberté des fufrajes pour ram-
plir les amplois publiqs; Pour devenir
Grand Homme, il quitta fa grande
puiffance qu'il avoit injuftemant uzur-
pée, il fe fit fimple citoyen foumis
aux Magiftrats, protégé feulemant
par les loix & mourut en Grand Homme Grand Bienfaiƈteur de fa Patrie.

C A T O N.

Je ne voi parmi les Romains que le
dernier Caton que l'on puiffe mettre en
paralelle avec Sipion. Je me fouviens
d'un androit ou Salufte parle du Ca-
raƈlère de Caton : En voici le fens :
Il ne difputa jamais avec les plus ambi-
fieux à qui arriveroit par des voyes ca-
chées & artificieuzes à la première place
de la République, mais il difputa tou-
jours ardemmant avec les meilleurs cito-
yens, à qui randroit par des voyes droi-
tes

tes & simples de plus importans services à la Patrie.

Salufte par ce seul trait nous fait santir le Grand Sens de Caton qui au travers des préjugez de presque tous les Romains de son tems, qui mettoient alors la grandeur la plus précieuze à devenir les plus puissans dans l'Etat, voit clairemant que la puissance seule n'est point une véritable grandeur, & que la supériorité la plus estimable n'est èfectivemant que dans l'excèlant uzaje de la grande puissance & des grans talans employez pour la plus grande utilité publique.

Il nous montre Caton capable de santir que l'honneur que procurent les grandes places, vaut incomparablemant moins que l'honneur de passer pour le meilleur, ou pour un des meilleurs citoyens, & que celui qui n'est point grand bienfaiêteur des hommes ne sauroit jamais être Grand Homme.

Il nous peint l'ardeur & le courage de Caton pour chercher toujours la vertu, c'est à dire la plus grande utilité publique, & du même trait Salufte nous fait rémarquer la bassesse, &

pour

pour ainſi dire, la *Vulgaireté* des opinions, des ſantimans & des motifs du
grand Cézar & du grand Pompée, qui
jugeant de la vraye grandeur & de la vraye ſupériorité de l'homme avec auſſi
peu de diſcernemant qu'en jugeoit le
vulgaire, préféroient la grande puiſſance, c'eſt à dire la ſorte de grandeur
que donnent les grands amplois, à la
véritable grandeur, & à la grande eſtime des connoiſſeurs qui rézulte, non des
grans talans, mais de l'anploi des grans
talans pour la plus grande utilité de la
Patrie.

Il eſt certain que la vertu paroit ancore un peu plus mâle, plus ferme &
plus reſpectable dans Caton; Son zèle
pour le bien publiq paroit en lui ancore un peu plus ardant & plus conſtant que dans Sipion ; mais en récompanſe les ſervices efectifs que Sipion
randit à ſa Patrie ſont beaucoup plus
inportans que tous ceux que leur randit Caton : La vertu dans Sipion paroit
plus douce & plus aimable, de ſorte que
ſi j'avois à donner la préférance à un
des deux, mon temperament indulgent
me feroit, je croi, pancher pour Sipion.

D e s-

DESCARTES.

Nous regardons avec juftice Defcartes, ce fameux Filozofe du fiècle paffé, mort en 1650, non feulemant comme le plus grand Fizicien & comme le plus grand Géométre qui eut paru jufqu'à lui dans le monde, mais nous le regardons ancore comme un *Grand Homme:* C'eft que par une prodigieuze étanduë d'Efprit, par une juftefle de raizonemant furprenante pour fon tems, par une grande ardeur pour le travail, par une grande conftance pour la méditation, par un couraje d'Efprit extraordinaire, qui le portoit fans cefle avec ardeur à furpafler en raizon les plus grans génies de l'Antiquité, & à juger lui même leurs jugemans par une lumière fupérieure à la leur, il a furmonté anfin de trèz grans obftacles pour perféxioner dans les hommes leur manière de raizoner non feulemant dans la Fizique, mais ancore dans toutes les autres connoiflances humaines.

Ce n'eft pas de ces grandes découvertes dans les Siances dont je lui fai le plus de gré, c'eft d'avoir mis fes
fuc-

successeurs en etat d'y en faire sans cesse d'incomparablemant plus utiles que celles qu'il nous a laissées.

Pour juger de la grandeur de son génie, il n'y a qu'à faire atansion à la multitude de connoissances plus exactes & plus vraisamblables qu'il a aquizes dépuis le point ou il a trouvé dans les Auteurs de son tems la Géométrie & la Fizique, jusqu'au point ou il les a laissées; Il nous a donné plus de connoissances vraisamblables sur la Fizique en vint ans, que dix mille Sectateurs de Platon, d'Aristote & d'Epicure n'avoient fait en deux mille ans.

Mais le point principal, c'est le grand avantage qu'il a procuré à la raizon humaine; On ne raizonnoit presque point avec solidité ni avec justesse, c'est à dire conséquemmant avant Descartes, nos connoissances n'avoient presque aucune liaizon antre elles : On n'y voyoit presque rien de Sistématique, presque rien qui fit corps & dont les parties fussent liées les unes aux autres pour former quelque choze de solide.

Il y a diverses espèces de vraisamblances, il y a même des dégrez diférans

rans dans la même eſpèce ; Or avant lui nous confondions & les eſpèces diférantes & les diférans dégrez de vraiſamblance , & cette confuzion etoit une ſource inépuïzable d'erreurs, de diſputes & de mauvais raizonemans ; Nous avions quantité d'Orateurs & d'agréables Diſcoureurs , nous n'avions point de ſolides *Démontreurs* : Il n'y avoit que les Géométres qui connuſſent ce que c'eſt que démontrer.

Avant lui le ſens de la Démonſtraſion, le ſens de la conſéquance juſte, ce ſens qui met une ſi grande diférance antre homme d'eſprit & homme d'eſprit : Ce ſens ſi précieux n'étoit preſque point exercé que dans la Géométrie. On prenoit pour principes des propozitions trèz obſcures , trèz équivoques , trèz fauſſes ; Et même nous tirions mal nos conſéquances des principes vrais.

Nous confondions ancore la certitude qui nous vient tantôt de l'habitude de juger ſouvant & long tems de ſuite de la même manière, tantôt de la multitude de ceux qui ſoutiennent nos opinions, avec la certitude qui nous vient de la grande évidanſe : Ainſi d'un coté

coté les préjugez de l'anfanse, & de
l'autre, le grand nombre de ceux qui
avoient la même opinion, etoient
pour nous des principes si certains
qu'ils nous paroissoient évidans; Personne n'examinoit presque rien de ces
préjugez ni de ces opinions.

Nous marchions en aveugles appu-
yez les uns sur les autres & nous n'a-
vancions point sur une ligne droite
du coté des Siances, dans le chemin
de la vérité: Nous ne faizions propremant que des cercles, & nos cercles étoient même de petite étanduë.

Il y a plus; C'est que faute d'un
certain sens Spirituel nécessaire pour
discerner par nous mêmes la verité,
nous etions réduits à nous citer les
uns les autres, & à citer même des
Anciens de deux mille ans, nous qui
aidez de leurs lumières & des lumières de soixante générasions, devions
avoir incomparablemant plus de lumières & de connoissances que ces Anciens
qui vivoient dans l'anfanse de la Raizon
humaine.

Nous en etions venus à ce point d'imbécilité que, pour connoître ce qu'il falloit panſer ſur telle matière, nous ne diſputions plus du fonds de la queſtion, mais de quel ſantimant, de quelle opinion etoit Ariſtote ou tel autre homme ſujet comme nous à l'ignoranſe & à l'erreur : Nous avions des yeux & nous ne voïons point, il nous a appris à ouvrir les yeux & à en faire uzaje, & voila ce que nous devons à ſes grans travaux & à ſes grans talans.

S'Il ne nous a laiſſé que peu ou point de véritables démonſtraſions dans la Fizique, c'eſt que la matiere juſqu'ici n'en eſt ancore guères ſuſceptible : Mais il nous a anſégné les moïens d'aprocher toujours du plus haut degré de vraiſamblance & même de la démonſtraſion ; Ainſi guidez dézormais par ſa métode nous examinons nos idées pour les bien diſtinguer entre elles, pour les ranger, & pour les lier par le raizonemant ; Nous définiſſons plus exactemant nos termes pour éviter les équivoques : Nous commanſons à faire uzaje de cette métode pour former des démonſtraſions Aritmétiques dans

ce

ce qui regarde la Politique: Objet le plus inportant de toutes les connoissances humaines.

Il avoit pour son antreprize un motif vertueux; Il ne cherchoit ni les révenus, ni les grans amplois; Il ne souhaitoit que la gloire précieuze de randre un trèz grand service à la Societé en général en perféxionant la Raizon Humaine. Son motif est donq trèz loüable. On voit assez que son antreprize etoit trèz grande & qu'il faut qu'il ait surmonté par son grand courage & par son grand génie, de trèz grandes dificultez pour y réüssir, & il y a réüssi. Il a randu aux hommes en général un service trèz inportant; Ainsi le voila *Grand Homme* sans contestasion & l'un des plus Grands Hommes qui ayent jamais eté. Nous régrètons seulemant qu'il n'ait pas fait les efforts & tourné son grand genié du coté de la plus utile de toutes les Siances, c'est à dire vers la Politique, vers la Siance du gouvernemant des Etats.

Mo-

Motifs de ceux qui ne font que des Hommes Illuftres.

On voit tous les jours des hommes qui mettent toute la force de leur E-fprit, toute leur ardeur & toute leur conftance à furpaffer leurs pareils dans des bagatelles trèz dificiles à la verité, mais dans le fonds trèz peu utiles à la grande augmentafion du bonheur de leur Patrie, il fanble qu'ils n'ont en vuë que de difputer ou d'Efprit ou de mémoire, en prouvant qu'ils peuvent dans leurs antreprizes furmonter de plus grandes dificultéz que leurs pareils, & ariver par ce chemin à une plus gran-de diftinxion, mais ils ne s'avizent pas de difputer d'utilité d'antreprizes, ce qui eft cependant un vrai manque de difcernemant & d'étanduë d'intelligen-ce; Car avant que d'antreprandre de difputer de pénétrafion d'Efprit, ne vaudroit il pas mieux difputer de di-fcernemant fur le choix de la matière ou l'on veut anploïer cette pénétrafion? Ne faudroit il pas commanfer par choi-zir la matière la plus inportante pour l'augmantafion du bonheur des cito-yens,

yens, au lieu de choizir telles qui sont incomparablemant moins utiles?

D'autres avec de grands talans ont travaillé sans rélache avec des efforts continuels & incroïables, & ont surmonté efectivemant des dificultez étonantes, mais uniquemant pour faire une fortune éclatante & pour être grans du moins aux yeux du vulgaire qui ne mezure la grandeur des hommes que par la grandeur de leur puissance, c'est à dire, par la grandeur des richesses & des places; Mais comme ces hommes petits & vains se bornoient *petitemant & bassemant* à leur intérêt particulier ou à l'intérêt de leur famille, sans se soucier du bien publiq; Et comme leur motif n'étoit ni grand, ni loüable, ni vertueux, il n'est pas surprenant que le connoisseur ne les regarde pas comme de *Grans Hommes*, quelques talans qu'ils aïent posfedèz, quelque succèz qu'ils aïent eu pour obtenir les plus grans révenus & les premières places d'un Etat.

Les gens de bien les regardent au contraire comme des ames petites & communes, qui n'ont eu pour motif que la grandeur de la place & non pas l'aquizition des grandes vertus que de-

man-

manderoit la grande place : Et comme ces ambiſieux du commun n'ont pas
connu le grand prix de la gloire que
donnent les grans talans lors ſeulemant
qu'ils ſont utilemant anploïez au bien
publiq, ils ont manqué d'Eſprit dans le
point le plus esſantiel de la vie, c'eſt
à dire dans le choix du bût qu'ils doivent ſe propozer ; Auſſi n'eſt il pas
étonant qu'on les regarde comme des
ambiſieux du commun & d'une eſpèce
asſèz méprizable.

Les Hiſtoriens expozent à nos yeux
une foule de ces petits hommes du commun qui achetoient folemant des places & des dignitez honorables par une
conduite trèz dèshonorante, c'eſt à
dire par des flateries honteûzes, par
des lachetez, par des perfidies & par
des calomnies ; Mais qui voudroit, par
example, donner la moindre loüanje à
Sejan, ou à Tigellin, les Miniſtres les
plus autorizez du plus grand Empire
du Monde ; Ils ont ſurmonté avec beaucoup d'Eſprit & avec une ardeur incroyable de trèz grandes dificultéz,
ſoit pour ariver à la place de Miniſtre
Général & de favori, ſoit pour s'y
maintenir, je le veux, mais etoit-ce
par

par des motifs vertueux qu'ils les ont
ſurmontez ? Et d'ailleurs qu'ont ils fait
de grand pour l'utilité de l'Anpire a-
aprèz qu'ils ſont arivez à ces premières
places ?

Nous faiſons naturellemant des com-
paraizons antre les hommes de même
métier & de même profeſſion, nous en
trouvons qui à force d'avoir ſurmonté
de grandes dificultez, ſont parvenus à
excèler de beaucoup antre leurs pareils:
Ils ſont grans dans leur profeſſion, &
nous diſons un grand Poëte, un grand
Muzicien, un grand Comédien, un
grand Peintre, un grand Orateur, un
grand Juriſconſulte, un grand Médé-
cin, un grand Géométre, un grand
Aſtronome, un grand Sculteur, un
grand Architecte, parce qu'en ſur-
montant de grandes dificultez par leur
travail & par la pénétraſion de leur
eſprit, ils ſe ſont fort diſtinguez antre
leurs pareils.

Mais le titre de *Grand Homme tout
court* ne convient propremant qu'aux
grans génies de deux eſpèces de *Profeſſions illuſtres & importantes* au Publiq.

L'une de ces profeſſions regarde la
grande augmantaſion du bonheur des

hom-

hommes en général : Telle eſt la profeſſion des grans Filozofes ſpéculatifs
apliquez à perféxioner conſidérable-
mant celles des connoiſances humaines qui ſont les plus inportantes au
bonheur des hommes, comme la métode de bien raizoner, la Morale & la
Politique, & à démontrer un grand
nombre de véritez trèz importantes. —

Hureuzemant, même pour le bien
publiq, dans la profeſſion de ces Filozofes ſpéculatifs qui cherchent des
véritez trèz inportantes, un grand génie, avec une méditaſion profonde &
conſtante, peut ſurpaſer de beaucoup
ſes concurrans dans les grans bienfaits
qu'il procurera au Publiq & dévenir
ainſi *Grand Homme* ſans avoir bezoin
ni de naiſance illuſtre, ni de grand
pouvoir, ni de grand crédit, ni de
grans révenus, ni d'anplois publiqs.

L'autre profeſſion illuſtre & inportante eſt cultivée par des génies plus
praticiens que ſpeculatifs, plus occupez de l'axion que de la méditaſion :
Elle regarde la grande augmantaſion
du bonheur, moins en faveur des hommes en général qu'en faveur d'une Nation

tion particuliere , moins l'augmantafion du bonheur de leur poſtérité que
le bonheur de leurs contamporains; Et
telle eſt la profeſſion & l'anploi des
Rois quand ils ont, comme avoit Hanri
le Grand, aſſez d'inclinaſion pour la
gloire , & aſſez d'averſion pour la fai-
néantize , pour préférer dèz leur premiére jeuneſſe , le travail & l'honneur
de bien gouverner à la vie molle & vo-
luptueuze , & quand ils ont , comme
lui , la force d'Eſprit néceſſaire pour
tenir eux mêmes avec fermeté & avec
conſtance le timon du Gouvernemant.

Teſt eſt ancore l'anploi des Miniſtres, l'anploi des Généraux d'Armées,
& des premiers Magiſtrats des Provinces, parce que dans ces profeſſions ils
peuvent randre par leurs grans talans
& par leur grande aplicaſion , un nombre prodigieux de ſervices journaliers
à leurs contamporains.

Or comme les génies ſpéculatifs, tels
que Deſcartes, peuvent ſe diſtinguer entre leurs pareils par la grande utilité
de leurs découvertes , les génies praticiens occupez à réduire en pratique les
véritez démontrées ou par les ſpéculatifs ou par l'expériance , peuvent de

I 5

mê-

même se distinguer beaucoup antre
leurs pareils par les grans avantages
qu'ils procurent à leur Patrie, les Rois
antre les Rois, les Ministres entre les
Ministres, les Généraux entre les Généraux, les premiers Magistrats entre
les premiers Magistrats : Mais s'ils
n'ont que des motifs communs & mé-
prizables dans leur conduite, quelque
grands que soient leurs talans & leurs
succèz, ce ne seront au plus que des
Hommes Illustres ; Au lieu que, si leurs
motifs sont grans & vertueux, ils pas-
seront les *Hommes Illustres* & seront ré-
connus par leurs contemporains & dans
la postérité comme de *Grans Hommes.*

Point de grand Homme I. Sans
un grand motif ou grand dézir du bien
publiq.

I I. Sans de grandes dificultez sur-
montées, tant par la grande constance
d'une ame pasiante & courajeuze, que
par les grans talans d'un Esprit juste,
étandu & fertile en expédians.

I I I. Sans de grans avantages procurez au publiq en général, ou à sa Patrie en particulier.

En un mot il faut que le *Grand Homme* soit grand Bienfaicteur des hommes

en

en général par des découvertes trèz
importantes bien démontrées, ou grand
bienfaicteur d'une Nasion en particulier, soit par une conduite sage & vertueuze durant une longue suite d'années, soit par des réglemans & des é-
tablissemans trèz inportans, soit par de
grans avantages ramportez sur les ennemis de la Nasion: Voila véritablemant ce qui constituë le *Grand Homme*.

Plus le bienfait est grand, durable,
étandu à un plus grand nombre de familles & dificile à procurer, plus aussi
celui que le procure le distingue, même
antre les Grans Hommes.

HENRI LE GRAND.

De là on voit que si Hanri IV. Roi
de France eut exécuté son projet si fameux & si sansé pour randre la paix
perpétuelle & universelle entre les Souverains Chrétiens, il auroit procuré le
plus grand bienfait qu'il soit possible,
non seulemant à ses sujets, mais ancore à toutes les Nasions Chrétiennes,
& même, par une suite nécessaire, au
reste de la terre: Bienfait au quel toutes

tes les familles vivantes & futûres eussent participé durant tous les siècles à
venir ; Bienfait qui anferme l'exem-
tion des guerres civiles & étrangères ;
Bienfait qui eut produit tous les biens
qui rézultent néceffairemant d'une paix
univerfelle & inaltérable , tel qu'eut
eté la grande augmantafion des ri-
chesfes qu'aporte le grand commerce
non interrompu, & le grand progrèz
de la Rézon univerfelle dans le Gouvernemant intérieur des Etats; S'il eut
exécuté, dis-je, ce merveilleux projet , il eut eté fans comparaizon le plus
Grand Homme qui ait eté & qui fera
jamais.

Il eft vizible qu'un pareil bienfait fur-
pasfe infinimant les bienfaits dont la République Romaine etoit rédévable à Sipion , parce que Sipion ne procuroit de
grans avantages qu'à fa Patrie, parce qu'il
ne les lui procuroit qu'aux dépans deNa-
fions voizines & parce qu'il ne laisfoit
point de moïens propres pour prévenir
ni les Guerres Etrangéres, ni les Guerres Civiles , au lieu qu'Hanri le Grand
par fon excèlant projet, eut prézervé la
France fa Patrie pour tous les fiècles
avenir, de toutes les guerres civiles &
étran-

étrangères, & il l'en prézervoit fans
qu'il en coutât rien aux autres Nafions
& fauvoit en même tems toutes les familles de toutes les autres Nafions, non
feulemant des perils, mais ancore des
malheurs inconcévables & efectifs de
toutes les Guerres Poffibles.

Il auroit même exécuté ce beau projet fi dèz la première ou feconde année qu'il le forma, il avoit connu la
vérité d'une propozition que j'ai dé-
montré dépuis dans les trois tômes du
Projet de paix perpétuelle : La voici :
Pour randre l'etabliſſemant de la Diète
Europaine, ou de l'Arbitrage Europain trèz
folide, il n'eſt pas néceſſaire que les Sou-
verainetez qui doivent compozer la Ré-
publique Europaine, foient égales ou pres-
que égales en étanduë ou en puiſſance,
comme le croïoit ce Prince ; Mais
il fufit qu'elles y antrent toutes en
l'état qu'elles fe trouvent à prézant,
en prenant, d'un coté, pour point
fixe & immuable la poffeffion actuëlle
ou les droits aquis par les derniers trai-
tez, & de l'autre, en convenant que
pour terminer les diférans entre eux,
la Diète Europaine par fon autorité &
par la grande fupériotité de force, an pe-

pe-

pecheroit tout agreſſeur de prandre la
voye de fait & décideroit toujours
les diférans par la pluralité des ſufra-
ges: Diférans qui ne pouroient plus
être que de trèz petite inportance,
atandu la convanſion de la conſervaſion
en antier de chaque Etat ſelon la pos-
ſeſſion actuëlle.

Les Souverains auroient reçu des E-
quivalans infinimant avantajeux pour
l'abandonemant de toutes leurs prétan-
ſions réciproques, & ces Equivalans
ſi avantajeux etoient les avantajes immanſes qui auroient rézulté de l'inpos-
ſibilité de faire la guerre avec ſuccèz,
du rétranchemant de la plus grande
partie des dépanſes de la Guerre & de
la perpétuité de la paix.

Au reſte ce Prince a toujours eu
l'honneur de la plus inportante invan-
ſion, de la plus utile découverte qui
ait paru ſur la terre pour le bonheur
du genre humain, & l'exécution de
cette grande antreprize eſt ſuremant ré-
zervée par la Providanſe au plus Grand
Homme de ſa poſtérité.

CHAR-

CHARLES QUINT.

Charles Quint, par le grànd nombre de guerres qu'il antreprit & des fuccèz qu'il eut dans fes antreprizes, régna avec éclat; Il furmonta même durant fa vie de grandes dificultez tant par fon Efprit que par fon courage. C'eft ce qui le fait fort diftinguer antre les Rois & antre les Anpereurs, foit ceux qui l'ont précédé, foit ceux qui l'ont fuivi.

Mais faute d'avoir toujours eu pour bût dans fes antreprizes d'être voizin jufte & bienfaizant, faute d'avoir eté exaſt obfervateur de fes promeſſes, faute d'avoir toujours eu pour bût, à l'exanple de Louïs XII. d'augmanter le révenu de fes fujets, comme un pere eft occupé d'augmanter le révenu de fes anfans, & pour avoir au contraire fort fouvant diminué leur révenu par fes grans fubfides, dans le deffein d'augmanter le fien propre par fes Conquètes, cet Anpereur pour avoir borné fes bienfaits à fes courtizans avides, aux dépans de fes peuples, comme en uzent les Rois du commun, eſt parvenu, à la vérité, par les grandes dificul-

cultez qu'il a furmontées, au titre de
Roi Illuftre, d'Anpereur Illuftre; On
peut avec juftice l'apeller Charles l'Illuftre; Mais de là au *Grand Homme,*
c'eft à dire au grand bienfaicteur ou
des hommes en géi.éral, ou de fes fujets en particulier, il y a ancore un ef-
pace prodigieux.

Pour le malheur de fes fujets & de
fes voizins il n'apprit point dans fon
education, & ne connut pas dans le
refte de fa vie de quelle inportance lui
etoit, pour parvenir au glorieux titre
de *Grand Homme,* de pratiquer plus
conftamant l'équité anvers tout le monde & la *bienfaizance* anvers fes fujets;
On fant, en lizant fon Hiftoire, qu'il
avoit peu de zèle pour augmanter le
bonheur des Nafions de l'Europe, &
qu'il n'eut jamais tanté de furmonter
tant & de fi grandes dificultez, s'il
n'avoit eu pour objet & pour motif
que l'honneur de leur procurer beaucoup de biens, & de procurer durant
fon règne une parfaite tranquilité à
toute l'Europe.

GRAN-

GRANDES PLACES, GRANDES QUALITEZ.

Ce n'eſt ni la grande place, ni la grande puiſſance qui fait le *Grand Homme.* Les Anpereurs, les Rois, les Miniſtres peuvent être des hommes tièz médiocres, des hommes trèz méprizables & même des ſcélérats trèz odieux, témoin Tibére, témoin Neron, témoin Sejan.

Il y a des hommes qui ont dans leurs ſuccez de l'éclatant, du brillant pour le vulgaire, mais au fonds ſi ce n'eſt rien de vertueux, ce n'eſt rien de digne de loüanges. Le peuple prand ſouvant les faux diamans pour les vrais ; Mais aprochez Epaminondas d'Alexandre, aprochez Sipion de Cézar, aprochez Trajan de Charles Quint, aprochez le vrai du faux, le peuple, même groſſier & ignorant en ſant bientôt la diféranſe, il eſt bientôt dezabuzé & ne ſauroit plus s'y méprandre.

L'Hiſtoire nous a conſervé la mémoire de pluſieurs Généraux, de pluſieurs Miniſtres qui ſe ſont fort diſtinguez antre leurs pareils, ils ont randu

de grans fervices à leur Nafion en fur-
montant de grandes dificultez , mais
comme ils vandoient leurs fervices le
plus cher qu'ils pouvoient à leurs Prin-
ces, à leur Patrie & qu'ils vouloient de
grandes dignitez & de grandes fortu-
nes, ils cherchoient moins l'honneur
que les honneurs ; Ainfi ce fout des
Hommes Illuftres, j'en conviens, mais
peut on jamais regarder comme de
Grands Hommes ceux qui n'ont jamais
eu rien que de petit, de bas & de vulgaire dans leurs motifs?

Il eft vrai que les Grans Hommes, en
cherchant le plus grand intèrêt publiq,
ne laiffent pas d'avoir ancore pour motif le plaizir que procure la gloire de
faire beaucoup plus que leurs pareils,
foit pour le bonheur des hommes en
général, foit pour le bonheur de leur
Nafion en particulier ; C'eft que
l'homme, fi grand qu'il foit, ne ceffe
pas pour cela d'être homme, c'eft à
dire d'être un Etre qui dézire le plézir, le bonheur ; Ainfi c'eft une né-
ceffité que l'homme comme créature
raizonable, cherche le plézir, c'eft toujours ou l'efpérance de quelque forte

de

de plézir, ou la crainte de quelque mal
qui est le premier ressort de ses antreprizes.

Ces Grands Hommes cherchoient
donq le plézir de la distinxion dans
l'augmantasion du bonheur des autres,
ils cherchoient le plézir de la gloire,
mais c'etoit de la gloire la plus précieuze, c'est à dire de la gloire la plus
utile à la Patrie, & la moins intèressée
pour leur intèrêt particulier, ils cou-
toient avec ardeur vers cette gloire qui
produit de si grans avantages à la Societé & la seule digne de notre respect
& de notre admirasion: Ainsi plus ils
aimoient le plézir de la bonne gloire
& de la distinxion la plus précieuze,
plus ils etoient estimables & dignes de
loüanges.

Il est à propos d'observer que l'on
peut être Illustre en tel Art, dans telle
Profession sans être *Homme Illustre
tout court*. Lulli, par example, à eté
illustre dans la Muzique, mais on ne
dira jamais quand on voudra parler avec
justesse, que c'etoit un *Homme Illustre
tout court*, c'est qu'il ne travailloit que
pour sa fortune, & que sa profession

n'en'etoit pas illuſtre, c'eſt à dire du nombre de celles ou l'on puiſſe randre des ſervices trez inportans à la Patrie.

Plutarque avec ſon ſens exquis n'auroit jamais fait la faute groſſière d'un de nos Ecrivains qui a mis trèz inprudanmant parmi les *Hommes Illuſtres tout court,* & coté à coté de feu Mr. de Turenne des Poëtes Illuſtres, des Aſtronomes, des Jardiniers, des Graveurs Illuſtres qui n'etoient ni de *Grands Hommes,* ni même des *Hommes Illuſtres tout court.* Ce n'étoient que des hommes habiles dans une profeſſion qui n'etoit pas des plus utiles au bien publiq, & la plupart n'avoient pour motifs de leurs antreprizes que l'augmantaſion de leur fortune.

L'homme qui n'a aucun grand talant, mais qui a une juſtice, une bienfaizance diſtinguée parmi ſes pareils, ne laiſſe pas d'être trez eſtimable par ſa vertu : Les marques de bienveillance & d'eſtime qu'il reçoit de ceux qui le connoiſſent, ſont pour lui une ſorte de révenu de plézirs que donne la diſtinxion précieuze de la vertu ; Or ces plézirs ſont trèz ſanſibles pour les ames

ver-

vertueuzes, mais s'il n'a pas des talans distinguez par leur utilité il ne peut jamais passer pour Homme Illustre.

Il y a donq une grande distance antre *Homme Illustre* dans une profession non illustre & *Homme Illustre tout court*, c'est à dire dans une profession illustre & importante à la Societé.

Il y a de même une grande distance antre *Homme Illustre tout court & Grand Homme*. Le Grand Homme est toujours illustre, mais l'Homme Illustre n'est pas toujours Grand Homme, & si l'on y veut faire atanfion, les bons Esprits de tous les tems & de toutes les Nafions n'ont pas eu d'autre idée de la diféranfe qui est antre le *Grand Homme & l'Homme Illustre*, elle s'est tranfmife de fiècle en fiècle jufqu'à nous.

Diféranfe entre les Grans Hommes.

L'homme qui n'est qu'illuftre par fes grans talans & par fes grans fuccèz dans les afaires publiques vand ordinairemant le plus cher qu'il peut les fervices qu'il rand au publiq, au lieu que

K 3

le

le Grand Homme, pour les grans bienfaits qu'il procure au publiq avec de
grandes qualitez, avec de grans talans
aquis, avec beaucoup de peine, se contante souvant du plézir que lui donnent
les loüanges & l'honneur d'être plus
grand bienfaicteur publiq que ses pareils.

De même ce qui fait la grande diféranse antre deux Grans Hommes, c'est lorsque l'un espére obtenir
le Paradis dans la vie future par ses
bienfaits, tandis que l'autre est borné
pour sa récompanse aux plézirs de la
gloire & des honneurs de la vie prézante; Et il y a efectivemant une grande diféranse d'élévasion antre les motifs
de l'un & les motifs de l'autre dans leurs
antreprizes.

Car supozant leurs antreprizes égales en utilité pour l'augmantasion du
bonheur des hommes en général, ou
de leurs concitoyens en particulier, supozant antre eux les pènes égales pour
y réüssir: Celui qui n'est que Grand
Homme ne songe point à travailler
pour plére à l'Etre bienfaizant & pour
en obtenir le Paradis. Il ne songe pas
à concourir au bût de l'Etre Souverai-
ne-

nemant ƒage & bienfaizant. Il ne ƒonge
qu'au plézir qu'aporte la gloire & ƒeu-
lement dans la vie prézante.

Au lieu que celui qui eƒt Grand
Homme, lorƒqu'il ƒe gouverne par un
motif plus grand, plus élévé, travaille
pour plére à Dieu, pour imiter cet.
Etre infinimant bienfaizant & pour obtenir les plézirs éternels, ƒeuls propor-
ƒionez à l'ame immortelle: Or il faut
avoüer que le motif de plére à Dieu &
d'obtenir le Paradis eƒt beaucoup plus
élévé que celui de nos Grans Hommes
anciens qui ne connoiƒƒoient point ancore aƒƒez ce qu'ils doivent eƒpérer du
ƒuprême bienfaicteur des hommes.

Je ne diƒconviens pas que le dèzir
de plaire à Dieu par les œuvres de bienfaizance pour obtenir le Paradis, ne
ƒoit un dézir trèz intèreƒƒé, mais en
même tems trèz ƒaje & trèz ƒanƒé, &
que c'eƒt un intèrêt trèz ƒaint, trez
vertueux, trèz agréable à Dieu, trèz
bien antandu & trèz conforme aux ordres de l'Auteur de la Nature qui eƒt
ƒi bienfaizant qu'il nous invite par les
grandes récompanƒes de la ƒegonde vie,
à l'imiter par notre bonheur prézant
& par des actions de bienfaizance an-

K 4

vers

vers tout le monde dans notre prémière vie.

Or dans le plan de cet Etre bienfaizant, qui a pour bùt de nous randre justes, bienfaizans & fort hureux dez cette prémière vie, & pour nous faire mériter une segonde vie incomparablemant plus hureuze, que pouvoit il faire de plus saje que de nous donner, d'un coté comme Créateur, la liberté d'éviter le mal & de faire le bien, c'est à dire le pouvoir de nous abstenir des injustices, & de pratiquer des œuvres de bienfaizance, & de l'autre, que pouvoit il faire de plus eficace pour nous détourner des injustices que de nous menacer des pênes terribles de la segonde vie ? Que pouvoit il faire de plus fort pour nous angager à dévenir trèz bienfaisans que de promettre aux bienfaizans des récompanses immansles & éternelles !

La voye des menaces & des promesses, de la crainte & de l'espérance pour conduire les Etres libres, est tellemant marquée par l'Autheur de la Nature, que de vouloir introduire une autre voye exemte de la crainte de l'anfer & de l'espérance du Paradis,

que

que Dieu nous montre inceſſamant, c'eſt, ce me ſamble, s'ecarter des voyes de la Sageſſe éternelle & de la Providanſe, pour courir aprèz un Fanatiſme déraizonable & infanſé, c'eſt prétandre être plus ſaje que Dieu même l'Auteur de notre ſageſſe. Au reſte il eſt certain que quiconque ajoute au motif des plézirs prézans de cette vie que produit la bienfaizance, un autre motif puiſſant tel qu'eſt une grande eſpérance d'une continuation éternelle de plézir, & une grande augmantaſion de ces mêmes plézirs, un motif ſi puiſſant de plus doit augmanter de beaucoup les forces du Grand Homme pour les grandes antreprizes, & pour ſurmonter les pènes & les dificultez qui ſe rancontrent lors qu'il s'agit de procurer aux hommes de trèz grans avantages, & ce motif de plus, cette eſpérance de plus ne peut jamais être regardée que comme une perfexion de plus de la Nature humaine.

De là il ſuit que le Grand Homme qui a le bonheur d'eſpérer le Paradis dans ſes grandes antreprizes, peut ancore plus facilemant dévenir grand bienfaicteur ; Car puiſque le ſimple

K ſ

dé-

dézir d'être honoré des hommes en cet‑
te vie, eſt pour lui un motif, un res‑
fort déja aſſèz puiſſant pour le randre
conſtant à furmonter les grandes difi‑
cultez des grandes antreprizes, il les
furmontera certainemant avec beau‑
coup plus de facilité & de force quand
à ce reſſort il y en ajoutera ancore un
autre qui eſt le motif de l'eſpérance
non feulemant de plaire à Dieu, mais
ancore d'en obtenir le Paradis, c'eſt à
dire un bonheur trèz grand, trèz fan‑
fible & infinimant durable.

Il ne peut pour cela manquer au
Grand Homme que l'habitude à fon‑
ger à la vie future ; Car je parle aux
Grands Hommes d'aujourdui qui vi‑
vent dans un fiècle ou notre Raizon eſt
fufizanmant éclérée fur l'immortalité
de notre Eſprit, fur les attributs de
Dieu, & particulièremant fur fa juſti‑
ce, fur fa profonde Sageſſe, fur fa Tou‑
te puiſſance, & fur fa fuprême Bien‑
faizance anvers les hommes ; Car cette
bienfaizance divine demande néceſſai‑
remant des hommes qu'ils tâchent de
l'imiter & par conféquant qu'ils foient
juſtes & bienfaizans les uns anvers les
autres.

Or

Or le Grand Homme n'eft-il pas conduit naturèlemant, fans pêne & par fon intèrêt même à cette habitude réligieuze & Crétienne dans la quelle confifte l'effantiel de la pratique de la Religion la plus parfaite.

Le Grand Homme des Anciens peut n'être pas Grand Saint; Mais le Grand Homme d'aujourdui qui anploïe long tems de grans talans, un grand génie & un grand pouvoir à faire du bien au publiq pour obtenir le Paradis, eft & Grand Homme & Grand Saint.

De là il fuit qu'il eft évidant que le Saint qui fera beaucoup plus Grand Bienfaiɛteur des hommes, & par conféquant plus fanblable à l'Être Souverainemaɴt bienfaizant, eft par conféquent bien moins Saint que celui qui eft deftiné à foulajer réelemant les pauvres & les malades, ou à anfegner réelemant les anfans dans les Coléges, ou les ignorans dans les campagnes.

Les uns ne font que dézirer dans leurs prières la pratique de la bienfaizance, ce qui eft peu utile & aux pauvres & aux malades, & aux anfans & autres ignorans: Les autres en fuivant la voye de la Providanfe ordinaire ne

fe

fe contantent pas de dézirer que le bien
fe pratique, ils le pratiquent eux mêmes, ils pratiquent la bienfaizance anvers ceux qui en ont le plus de bezoin,
& même anvers ceux dont ils font per-
fécutez, ce qui met une grande diféra-
ranfe de fupériorité de fainteté dans
leur inftitution.

Je dis que ces dézirs de bienfaizance
qui font marquez dans les prières, font
peu utiles aux pauvres, parce que celui qui prie ne doit pas s'attandre que
fa prière produira un miracle, c'eft à
dire un ranverfemant de l'ordre de la
Nature & des règles de la Providanfe
ordinaire, ce qui eft une prézomption
ridicule & même blamable, en ce que
la prudanfe Crétienne confeille toujours de préférer aux voyes miraculeu-
zes les voyes ordinaires & communes
de la Providanfe.

Anfin il eft vizible par l'expériance
journalière qu'une aumone d'un écu
vaut beaucoup mieux pour une pauvre
famille qu'un mois, qu'un an de dézirs & de prières de pieux Fanatiques
qui ont la prézomption de croire qu'ils
opéreront des miracles par la feule vertu de leurs prières.

Les

Les grandes pênes que soutrent les Derviches chez les Turcs sont des marques de la grandeur de leurs dézirs, mais des pênes qui ne produizent aucune utilité aux autres ne font que des efets des opinions infanfées qu'ils ont de Dieu qu'ils font fotemant famblable aux hommes imparfaits qui veulent être priez, au lieu de croire que le Créateur nous gouverne par des voyes & des règles fajes qu'il ne nous fait ordinairemant connoître que par nos expérianfes.

De là il fuit que, tout le refte étant égal du coté de la charité bienfaizante, la grande fainteté fe mezure par la grandeur des bienfaits réels, & par la grande utilite réele qu'un Saint a procuré à fes concitoyens pour plaire à Dieu, bienfaits qu'un autre Saint ne leur à pas procurez ni fi grans ni en fi grand nombre, quoi qu'avec motif égal de charité bienfaizante.

Obfervafion fur l'Educafion.

Il y a des vèritez dans la Géométrie dont tout le mérite confifte à éclcrfir des dificultez que les autres Géomé-

métres n'ont pu éclerſir. Ces grandes dificultez prouvent à la vérité la
force, l'étanduë & la juſteſſe de leur
Eſprit, mais qu'eſt-ce que cette preuve importe à l'augmantaſion du bonheur de la Societé, & cependant telles ſont quantité de véritez trèz dificiles, & juſqu'ici trèz inutiles que l'on
a démontrées dans quelques ſiances;
Or ces grans génies n'euſſent ils pas
eté plus dignes de loüanges s'ils avoient ſurpaſſé leurs pareils en propozant
& en rézolvant des problêmes de Politique, & en faizant ainſi des découvertes non moins dificiles pour la réputaſion d'Eſprit, mais beaucoup plus
utiles pour le bonheur de la Societé?

Les perſonnes ſanſées ne ſauroient
voir ces grans eforts d'eſprit des grans
génies de notre ſiècle, comme Deſcartes, Neuton, Leïbnitz, ſans dire; *Quel*
domage pour la Patrie que ces eſprits ſu-
blimes n'ayent pas tourné ces mêmes ef-
forts du coté des découvertes les plus uti-
les de la Politique! Quel domage, par
example, *que Neuton ne ſe ſoit pas apli-*
qué de bonne heure à la Siance du gouver-
nemant des Etats, dans la quelle il n'y
a pas de moindres dificultez à éclerſir,

fir, & dans la quelle la moindre découverte eft vint fois, mille fois plus utile que les plus belles découvertes qu'il ait faites dans la partie puremant curieuze des fiances qu'il a cultivées ! Quel domage qu'il n'ait pas eu autant de fageffe & de difcernemant que de pénétrafion d'efprit pour juger du peu d'inportanfe de fes antreprizes & de la grande inportanfe de celles qu'il auroit pu fe propozer ! Car la fageffe ne confifte t'elle pas à eftimer les chozes, les véritez, les découvertes à proporfion qu'elles font inportantes à l'augmantafion du bonheur des hommes?

Cette diféranfe de valeur antre l'homme illuftre dans tel Art, dans telle Profeffion, dans telle fiance & *l'Homme Illuftre tout court*, la diferanfe antre Homme Illuftre & Grand Homme, antre Grand Homme & Grand Saint font des véritez trèz inportantes à anfégner pour l'augmantafion du bonheur des hommes, fur tout fi durant l'éducafion on a grand foin de la faire paffer en habitude par divers exanples journaliers dans l'efprit des anfans durant les neuf ou dix années de Colége.

La

La raizon, c'eſt que les hommes ont
naturèlemant un dézir vif & conſtant
d'être diſtinguez antre leurs pareils par
la diſtinxion la plus eſtimable; Or n'eſt
il pas alors de la dernière inportance
pour l'augmantaſion du bonheur de la
Societé, & pour contribuer à efectuer
les vuës du Createur ſur les hommes
libres, de faire en ſorte que dez leur
jeune age leur Regens leur ayent appris à méprizer les diſtinxions vaines,
paſſajères, frivoles, inutiles, méprizables, & à n'eſtimer que les ſeules diſtinxions précieuzes, ſolides, durables, que procurent les talans les plus
utiles à la Societé & la pratique des
vertus propres à éviter l'anfer & obtenir le Paradis.

Or comme les génies ſupérieurs peuvent ſonger dès leur première jeuneſſe
à dévenir de Grans Hommes & de
Grans Saints, ne faut il pas de bonne
heure leur montrer dans toutes leursclas-
ſes le chemin le plus court pour y ariver?
Ainſi une vérité de morale qui multi-
plie dans les Etats les Grans Hommes, les grans Bienfaicteurs de la Patrie, les grans Imitateurs de Dieu Souverain bienfaicteur des hommes, n'eſt
elle

elle pas infinimant plus avantajeuze à
la Société Crétienne que d'autres véritez ſtériles, puis qu'elle n'a pour bût que
l'augmantaſion de ſon bonheur, tant
dans la première vie que dans la ſegonde?

AUTRES ECLERCISSEMANS.

I.

Un particulier peut être grand du
coté de l'Eſprit & du coté de la vertu, mais s'il n'eſt connu que de peu
de perſonnes, tels que ſes parans, amis,
voizins, Domeſtiques, par les bienfaits
qu'ils en reçoivent, on peut bien dire
de lui, C'eſt un grand eſprit, il eſt
fort vertueux: Mais s'il n'eſt pas connu par de grans bienfaits anvers le publiq, l'uzage de notre langue ne nous
permettra point de l'apeler, ni *Homme
Illuſtre*, ni *Grand Homme tout court* ;
C'eſt qu'il lui manque par ſa fortune
un pied d'eſtal élévé.

Si ce particulier a des talans pour
plére au publiq, nous pouvons bien lui
donner le nom de Poëte illuſtre, de
grand Poëte, de grand Orateur, d'O-

rateur illuſtre, de grand Muzicien, de grand Géométre, de grand Architecte, de grand Peintre, de peintre illuſtre, de grand ſculteur.

Mais aparanmant que l'uzage de notre langue veut que, pour être Homme Illuſtre & Grand Homme, il faut avoir procuré quelque grand bienfait au publiq : Auſſi tels ſont tous les Hommes Illuſtres de Plutarque, & Plutarque lui même qui, quoique laiſſé dans une condiſion privée, a procuré au publiq par la grande utilité de ſes écrits, & particulièremant par le récueil des vies des Hommes Illuſtres, non ſeulemant à ſes contemporains, mais ancore à leurs ſucceſſeurs dans toutes les Naſions & dans tous les ſiècles de trèz grans bienfaits ; Ainſi il a mérité le titre de *Grand Homme.*

I I.

Un particulier avec un eſprit médiocre peut avoir une grande vertu, être bon mari, bon pére de famille, bon maitre, bon ami, bon voizin, c'eſt à dire, trèz juſte & trèz bienfaizant anvers tous ceux qui l'anvironent, & le tout dans la vuë de plaire à Dieu, il poura

poura ainsi être trèz saint; mais comme ses bienfaits ne sont pas grans & ne s'etandent pas sur un grand nombre de familles, notre langue ne l'apellera jamais ni *Homme Illustre*, ni *Grand Homme*, ni *Grand Bienfaicteur des Hommes*.

I I I.

Les grans talans qui procurent de grans avantages au publiq sufizent pour faire un Homme Illustre, sur tout quand avec ses talans il surmonte de grandes dificultez; Mais pour être *Grand Homme*, il faut qu'àux grans talans il ajoute une grande vertu & de grans bienfaits anvers le publiq.

I V.

Un particulier ou simple religieux, ou simple chef de famille peut être trèz saint, mais un Evêque, un instituteur d'un ordre trèz utile au publiq, un Ecrivain qui ecrira trèz bien des chozes trèz inportantes, soit pour la vie prefante, soit pour la vie future, peut être un trèz grand saint par les grans bienfaits qu'il procurera au publiq, c'est qu'alors il sera & Grand Homme & Grand Saint.

OB-

OBJEXION.

Je voi bien par le bon uzaje de la laugue & par votre définifion de l'Homme Illuftre & du Grand Homme, que nul ne peut efpérer d'ariver à ces beaux titres, s'il ne parvient à être grand bienfaicteur des hommes en général ou de fa Nafion en particulier.

D'un autre coté il fanble que l'on ne peut parvenir à être grand bienfaicteur de fa Patrie fans fe trouver dans les grans amplois de l'Etat, ce qui ne dépand fouvant ni de la grandeur de l'Efprit, ni de la grandeur du courage, ni de la grandeur de la vertu, mais trèz fouvant uniquemant de la fortune.

Vous favez que dans les Etats ou les grades des commanfans ne fe donnent qu'à prix d'argent & ou les principaux amplois de la guerre & dans le confeil ne fe donnent qu'à ceux des acheteurs qui font ou parans ou amis des miniftres, des favoris ou des favorites, tous moïens qui ne dépandent point de l'Homme, ni de la grandeur de fon Efprit, ni de fon aplicafion à contribuer felon fes

talans à la plus grande utilité publique.

Or il eſt bien triſte pour le particulier & ancore plus pour ſa Patrie, lors
qu'il a un aſſez grand génie & une aſſez grande vertu pour être grand bien-
faiĉteur de ſa Patrie, & lors qu'il eſt
réélemant Grand Homme aux yeux
des hommes, & cela faute d'être en
place pour leur procurer de grans bienfaits.

R E P O N S E.

I. Il eſt vrai que dans un Etat c'eſt
un trèz grand défaut & trèz opozé à la
Nature, de ne pas ouvrir la porte aux
pauvres qui, n'ayant pas les moyens de
rien acheter, pouroient cependant dévenir dans les grans amplois de grans
bienfaiĉteurs de la Patrie par les grans
talans qu'ils ont reçu de l'Auteur de la
Nature du coté de la grande intelligen-
ce, & qui par leur propre travail ont
perfexioné leurs grans talans & aquis
une grande habitude à la vertu : Mais
ce vice de gouvernemant & le défaut
du choix des meilleurs ſujets peuvent
ſe coriger & ſe corigeront un jour par
l'établiſſemant de la métode du Scrutin
perfexioné, & c'eſt une porte qui s'ou-

 vrira

vrira néceſſairemant à la ſuite des ſiècles
au grand mérite naſional par le progrèz continuel de la Rézon univerſelle,
qui produira néceſſairemant à la longue les meilleurs réglemans & les plus
ſalutaires établiſſemans dont la grande
utilité aura eté démontrée dans la Siance pratique & ſpéculative du gouvernemant des Etats.

II. Il y a ancore une autre porte ouverte pour les pauvres & pour les particuliers qui ont cultivé la Siance du
gouvernemant, mais qui n'ont ni moïens
d'acheter des anplois publiqs, ni patrons,
ni grans amplois, ni grande puiſſance ;
C'eſt que par des découvertes & des démonſtraſions fort utiles, ils peuvent dévenir de grans bienfaiĉteurs des hommes en général & de leur Patrie en particulier, & par conféquant de Grans
Hommes, témoin Socrate, Platon, témoin Plutarque, témoin Deſcartes.

La Siance du gouvernemant Religieux des Etats qui regarde l'augmantaſion du bonheur des hommes, tant
dans la vie prezante que dans la vie future, eſt certainemant la plus inportante de toutes les ſiances, cependant elle à
eté juſqu'ici, faute de diſcernemant, asſez

sez negligée ; Or celui qui animé par
une grande ambision de procurer aux
hommes de grans avantages pour plere
a Dieu & pour en obtenir le Paradis, se-
couru par un grand génie démontrera
des projets trèz inportans & en plus
grand nombre, sera à la verité moins
grand bienfaicteur que le Prince ou le
Ministre qui les Exécutera; Mais comme il sera la source de ces bienfaits, il
sera cependant un grand bienfaicteur
des hommes en général & de sa Patrie
en particulier, & par conséquant il sera
suremant & Grand Homme & Grand
Saint sans aucune grande place de la
fortune, & sans aucun grand amploi
publiq. *Ce qu'il faloit démontrer.*

TEMISTOCLE

ET

ARISTIDE,

OU

Modèle pour perfexionner
les vies de

PLUTARQUE.

AVERTISSEMANT.

PLutarque, en nous raſſamblant les
tableaux des Hommes Illuſtres des
Grecs & des Romains, nous a tracé un
plan pour nous inviter à raſſambler les
tableaux des Hommes Illuſtres des autres Naſions, ſoit parmi nos anciens,
ſoit parmi leurs ſucceſſeurs & nos contemporains : Mais comme la Raizon
humaine s'eſt fort perféxionée en quinze ou ſeize ſiècles, nous pouvons prézantemant randre le plan de ſon ouvrage beaucoup plus agréable & ſur
tout beaucoup plus utile aux lecteurs.

Cela

Cela m'a fait panſer à tracer un nouveau plan, en écrivant d'une manière nouvelle la vie de quelques Hommes Illuſtres
de Plutarque, afin que les Filozofes politiques & moraux mes ſucceſſeurs puiſſent plus facilemant , par ces ſortes
d'Hiſtoires & par cette métode, procurer à leurs concitoyens un beaucoup
plus grand progrez dans la Morale &
dans la Politique qu'on ne fait aujourdui, & c'eſt la même métode que j'i-
magine que Plutarque lui même ſui-
vroit s'il vivoit, & s'il écrivoit aujourdui pour nous.

Il les écriroit non ſeulemant pour
nous cauzer un plézir prézant par la
ſatisfaxion de notre curiozité, mais il
les écriroit particulièremant pour nous
être utiles, & pour nous procurer par
l'augmantaſion de notre Rézon, une augmantaſion de bonheur dans la conduite de notre vie en nous montrant,
d'un coté, les grans malheurs que cauzent les inprudances dans la Politique,
les injuſtices dans les mœurs, & en
nous montrant de l'autre, les grandes
joyes que produizent aux Grans Hommes les grans talans anploïez à la plus
grande utilité publique.

L 5

Ce

Ce qui doit nous plaire, par exemple, dans la vie de Témiſtocle & ce qui doit exciter notre curiozité, ce ſont ou les événemans qui lui ont procuré de plus grans plézirs, ou ceux qui lui ont cauzé de plus grans déplaizirs.

Ce qui nons eſt de plus utile, c'eſt de voir commant il auroit pu faire pour ſe procurer de grandes joyes & commant il auroit pu faire pour éviter une partie de ſes malheurs.

Sa grande fortune nous fait naître la curiozité de ſavoir par quels moyens, par quels talans, par quelles qualitez un jeune homme preſque ſans educaſion, preſque ſans bien, mais fort courajeux & fort dézireux de diſtinxion, né parmi les petits bourgeois d'Athènes vient à bout de paſſer de beaucoup pluzieurs camarades riches dont la naiſſance etoit illuſtre, & de ſe diſtingner antre un grand nombre de pareils qui n'avoient pour bût comme lui que de faire une grande fortune, & de s'aquérir dans le monde une réputation brillante.

Voila ce que les lecteurs dézirent de voir, & voila ce qui eſt le plus à propos

pos de leur montrer, tant pour leur propre utilité que pour la plus grande utilité de leur Patrie. Le reste des faits que raconte Plutarque ne font pas affez intéreffans, ni même affez curieux pour nous.

Or en fupozant un pareil bût dans un Plutarque Moderne qui vit dans un fiècle plus éclairé que le fiècle de Plutarque, eft il à propos qu'il alonge fes recits pour nous aprandre le nom des ancêtres de Témiftocle, quels Auteurs raportent diféremment fa généalogie, le nom du faubourg d'Athènes ou il eft né, le nom de fa tribu, le détail des cérémonies d'un facrifice ou il affiftoit, le vrai nom du lieu ou les jeunes gens de fon age faizoient leurs exercices? Que nous importe de favoir que ce lieu etoit confacré à Hercule, que Témiftocle fit bâtir dans fon quartier une chapelle à Diane de bon confeil? Eft il à propos de nous aprandre des chozes de peu d'inportance qui regardent d'autres perfones ou d'autres événemans qui ne nous inftruizent de rien de ce qui regarde fes afaires les plus inporportantes, & des moyens dont il s'eſt ſervi pour y réüſſir?

Laiſſons donq ces bagatelles aux petits eſprits, aux amateurs ſcrupuleux de tout ce qui eſt antique, qu'ils les cherchent ſoigneuzemant & qu'ils les trouvent dans l'ancien Plutarque & qu'ils ſatisfaſſent une curiozité ridicule & méprizable, tandis que les lecteurs ſanzez doneront toute leur atanſion à ce qu'il y a d'inportant à ſavoir dans la vie des Hommes Illuſtres de l'antiquité, afin de nous faire imiter les talans & les vertus qui leur ont procuré tant de plézirs & de ſi grandes joyes le long de leur vie, afin de nous garantir des défauts qui leur ont cauzé tant & de ſi grans déplézirs.

Or quels ſont ces objets inportans qui ſont les plus dignes de notre atanſion?

I. C'eſt la peinture exacte des diférans talans des Hommes Illuſtres, des diférans dégrez de ces talans, & ſur tout des dégrez d'utilité publique de ces talans.

II.

II. C'eſt la peinture exacte des principaux dézirs & des principales craintes, en un mot des principaux motifs de ces Hommes Illuſtres dans leur conduite & dans leurs principales antreprizes.

III. C'eſt la peinture antière des moyens qu'ils ont imaginé & qu'ils ont mis en œuvre pour y réüſſir.

IV. C'eſt la peinture des grandes dificultez de leurs antreprizes.

V. C'eſt la peinture de la grande utilité qui eſt arrivée à leur Patrie par leurs ſuccez.

VI. C'eſt la peinture vive & exacte des ſantimans d'admirafion & d'inclinafion qu'ils ont excitez dans les diférans ordres de leur Nafion pour ces ſuccez, & des grandes joyes que l'Homme Illuſtre & ſes parans ont ſanties par les marques d'admirafion & par les autres récompanſes publiques.

Car anfin, c'eſt particulièremant la peinture de ces grandes joyes & de ces grans plézirs que ces Grans Hommes ont reſſanti, qui excite les lecteurs à tâcher d'en mériter de pareilles par de pareils ſuccèz pour le bien publiq ; c'eſt par cette peinture exacte & naïve des récompanſes, des talans & des vertus

tus des Hommes Célébres qu'il faut exciter les lecteurs à les imiter pour augmanter le bonheur de leur Patrie & pour devenir eux mêmes beaucoup plus hureux que leurs pareils.

C'eſt par conſéquant dans ces diférantes peintures que conſiſte le plus grand plézir & la plus grande utilité de la lecture de ces vies des Plutarques modernes; C'eſt par de pareilles nouritures ſolides & agréables que le lecteur deviendra peu à peu plus riche en talans les plus utiles, plus prudant, plus juſte, plus bienfaizant, plus utile à ſa famille, à ſa Patrie, plus hureux dans cette vie & plus digne du bonheur de la vie future.

Surquoi il eſt à propos d'obſerver que les Grans Hommes payens n'ont pas laiſſé de devenir de grans bienfaicteurs de leur Patrie, quoi qu'ils n'euſſent pour motifs de leurs antreprizes que des récompanſes paſſajères de cette vie prézante, au lieu que nous, qui avons le bonheur de ſavoir avec certitude, tant par Raizon que par Révélaſion, que notre eſprit eſt immortel, nous avons plus qu'eux l'eſpérance des récompanſes éternelles de la vie future de-

deſtinée à ceux qui pratiquent journé-
lemant la bienfaizance anvers les hommes pour plére à l'Être infinimant parfait, & par conféquant fage & infinimant bienfaizant anvers les Êtres bienfaizans & immortels.

TEMISTOCLE.

Les parans de Temiſtocle étoient
pauvres & n'avoient pu lui donner qu'-
une educaſion fort commune: Mais un
dézir violant de furpaſſer fes concitoyens & un genïe fupérieur à celui de
fes camarades, fupléerent à ce qui lui
manqua du coté de fon éducaſion. Il
marquoit dez fa prémière jeuneſſe un
fi grand dézir de fe diſtinguer & une
fi grande anvie d'être plus eſtimé que
fes pareils, quel'on pouvoit aizémant de-
viner qu'il ne reſteroit pas un jour con-
fondu avec eux dans les anplois médiocres de la République.

Il eut pour rival en amour & en fortune un autre homme qui fut auſſi Illuſtre que lui, auſſi ardant pour aquérir de la vertu, ce fut Ariſtide qui par
une plus grande fupériorité d'Eſprit &
par un difcernemant plus juſte, connut
la

la gloire la plus ſolide & la diſtinxion précieuze que donne la vertu; Dégré de connoiſſance ou n'ateignit jamais Témiſtocle.

Mais il avoit un Eſprit trèz pénétrant; Et c'eſt l'eſprit, quand avec le ſecours de l'ambiſion, il eſt d'une aplication conſtante & ſuivie, qui eſt la ſource des grans talans pour l'éloquance; Or ce ſont les grans talans pour l'éloquance qui dans une République ménent le plus ſouvant à la grande fortune, mais non pas toujours à la plus belle réputaſion, par ce que la plus grande réputaſion dépand en partie de la grande vertu, c'eſt à dire d'une grande juſtice & d'une grande bienfaizance & c'eſt ce qu'il ne ſavoit pas comme Ariſtide.

Cette ambiſion qui lui faiſoit dézirer les plus grans honneurs publiqs & les plus grans amplois de la République, ne lui laiſſoit preſque point de goùt pour ce qui ne le portoit pas droit vers ſon bùt; Ainſi dans ſa jeuneſſe il négligea d'aprandre comme ceux de ſon age, à danſer, à chanter, à joüer des inſtrumans pour s'apliquer tout antier aux connoiſſances ſérieuzes & aux afaires

res publiques ; Ainſi comme on lui reprochoit un jour dans un age plus meur d'ignorer ces divers petits talans agréables, il dit : *Je conviens que j'ignore beaucoup de ces chozes qui ſont peu utiles à la République : Il eſt vrai que je ne ſai ni accorder la Lyre, ni toucher le pſalterion, mais qu'on me donne à gouverner une ville, quelque petite, quelque inconnuë qu'elle ſoit, je ſai les moyens de la randre grande, riche & célébre.*

On lui réprochoit un jour les intampérances & les débauches de ſa jeuneſſe : *Je n'en diſconviens pas,* dit il, *Mais n'avez vous jamais remarqué que nos meilleurs chevaux ont eté des poulains fougueux & dificiles à dompter.*

Aprez la bataille de Marathon que Miltiade Général Athénien avoit gagnée contre les Perſes, on célébroit dans toutes les places publiques d'Athénes durant pluzieurs jours par des poëzies, par des chants & des ſpectacles la valeur, la capacité, la prudanſe de ce Général, & les avantages précieux que ſa victoire produizoit aux Athéniens & autres peuples dela Grèce. Ces grans aplaudiſſemans publiqs augmantèrent tellemant le dézir qu'il avoit d'en récévoir autant un jour, qu'au lieu de se réjouïr comme les autres, on le voïoit férieux & panfif. Il fongeoit perpétuèlemant à aquérir des talans, & aux autres moïens d'arriver à quelque grande place & à ces grans honneurs; Or comme il n'en dormoit prefque point, un de fes amis qui s'en aperçut lui dit en riant; *Je parierois, Témiftocle, que ce font les grans trophées de Miltiade & fes grans fuc ès qui vous anpêchent de dormir : Cela pouroit bien être, repartit Témiftocle, mais y a t'il rien de plus dézirable que de marier comme lui, le grand mérite avec la grande fortune?*

Il voïoit par la conftitufion de la République que, tant que les Athèniens auroient des Généraux pour les armées de terre de la réputafion de Miltiade, & que tant qu'ils regarderoient la guerre de terre comme la feule importante, il n'arriveroit jamais à la première place du commandemant, & d'un autre coté, de moindres places ne contantoient pas fon ambifion.

Il voïoit d'ailleurs que fes compatriotes étoient fi enivrez de leur victore qu'ils

qu'ils ne craindroient de long tems le
Roi de Perse qu'ils apèloient le grand
Roi, & comme il ne pouvoit pas alors
mettre en œuvre la crainte qu'on pouvoit avoir de ce formidable voizin, pour
léur inspirer de bâtir des vaisseaux de
guerre & de se fortifier sur la mer, il
s'aviza de réveiller de tems en tems l'ancienne jalouzie que les Atèniens avoient conservé contre la République d'E-
gine à l'occazion de sa belle marine qui
croissoit tous les jours & dont la réputasion donnoit aux Eginétes l'audace
de prétandre commander les Aténiens
à la mer. Il fit rémarquer à ses concitoyens que ces voizins afectoient même de vouloir disputer de rang avec
Aténes dans les cerémonies générales
de la Grèce; Ainsi quand il eut com-
mansé dans ses discours publiqs à leur
inspirer de la jalouzie, & à leur donner anvie d'augmanter assez leur marine pour surpasser celle des Eginétes, &
quand le Roi de Perse récommansa à
se faire craindre en Grèce, il s'atacha
dans ses discours publiqs à montrer que
ce Prince etoit beaucoup plus aizé à
vaincre par une bonne marine bien
exercée que par les armées de terre,

& peu à peu il réüſſit à les en perſuader.

Il leur manquoit un fonds nouveau
qu'ils puſſent deſtiner tous les ans
à cette nouvèle dépanſe; c'étoit le
d.ficile: Mais à force d'y panſer, il en
trouva un; Ainſi il les détermina contre l'avis & l'intcrêt de Miltiade à di-
minuer la dépanſe de l'armée de terre,
pour porter leurs principales vuës à
augmanter leur armee de mer. Voila
commant avec cette eloquanſe qui lui
etoit naturelle & qu'il avoit fortifiée
beaucoup par le travail, il ſe fit ſans
qu'on s'en aperçut, un chemin à la première place de la République, en tà-
chant d'obtenir le commandemant de
l'Armée navale des Aténiens dans la
guerre à la quelle ils ſe préparoient
contre Xerxes.

Cette guerre arriva anfin comme
Témiſtocle l'avoit ſagemant prévu.
Les grans préparatifs de ce Prince jet-
terent parmi les Grecs une grande con-
ſternation; Mais ils ne perdirent pas
l'eſpérance de combattre avec ſuccèz
tant ſur terre que ſur mer, non pas par
la ſupériorité du nombre, mais par la
ſupériorité de leur diſcipline.

Il fut queftion parmi le peuple d'A-
ténes de choizir un Général pour la
flote des Atèniens. Témiftocle s'a-
perçut qu'Epides médiocremant brave, médiocremant habile & peu riche, mais foutenu fortemant par la
grande eloquanfe de fon pere, etoit
efe&tivemant fon plus dangereux rival.
Il lui fit porter une bourfe pleine d'or
par un ami commun pour fe le randre
favorable, & le fit ainfi non feulemant
dézifter de fa pourfuite, mais il obtint
ancore qu'il feroit anploïer en fa faveur le crédit du pere d'Epides & de
leurs amis; Ainfi il fut élu commandant des vaiffeaux d'Atènes qui etoient
au nombre de cent.

Si Témiftocle avide d'honneurs &
de richeffes, n'avoit pas eu en vuë de
s'anrichir dans fon anploi de Général,
on l'auroit pu loüer d'avoir eté affez
habile pour l'acheter à fi bon marché.
Ce qui eft de vrai c'eft, qu'Ariftide qui
n'avoit pas pareille avidité de s'anrichir,
n'étoit pas capable d'une pareille habileté.

Les autres villes Grèques réunies
fournirent prefque autant de vaiffeaux
que les feuls Atèniens; Il falut anfuite

choizir un commandant général de la flote de tous les Grècs. Les Atèniens prétandoient avoir le droit de choizir, comme fournisſant eux ſeuls autant & plus de vaisſeaux que toutes lez Républiques Grèques anſamble ; mais ces Republiques vouloient être commandées ſur mer comme ſur terre par un Généraliſſime Lacédémonien & menaçoient de ſe rétirer, ſi on ne leur donnoit pas pour Généraliſſime Euribiade qui etoit Général des vaiſſeaux de Lacédémone.

L'ambiſieux Témiſtocle trouvoit la prétanſion des Atèniens trèz bien fondée ; Mais voyant que l'opiniâtreté des autres Républiques Grèques etoit invincible, il ſacrifia ſon intèrêt particulier au bien publiq & perſuada les Atèniens de céder leur droit pour le ſalut de toute la Grèce ; Ainſi Euribiade fut élu Généraliſſime de toute la flote des Grecs.

Ce Général médiocremant habile pour ce qui regardoit la mer, ayant appris que Xerxes avoit plus de mille vaiſſeaux, crut qu'il n'avoit pas d'autre parti à prandre que de quitter la mer de l'Ile d'Eubée & de s'aprocher
du

du Péloponèze ou il seroit à portée d'ê-
tre sécouru des troupes de l'armée de
terre des Lacédémoniens.

Mais Témistocle jugeoit qu'il etoit
bien plus à propos de défandre le pas-
sage etroit de cette ile avec leurs deux
cens vaisseaux, pour n'être point anvé-
lopez & pour avoir dans le combat
l'avantage que pouvoit leur donner le
courage supérieur des Grecs & leur
habileté supérieure dans la marine.

Euribiade cependant etoit prest de
l'anporter par le nombre des sufrages
des Capitaines dans le conseil de Guerre, lorsque Témistocle se leva, prit
la parole & dans son discours véhémant
s'avansa jusqu'à vouloir faire antandre
qu'aparanmant ceux qui etoient d'avis
de la rétraite manquoient de couraje
de n'oser atandre la flote de Xerxes.
Euribiade piqué au vif leva la canne
comme pour fraper Témistole; Cet oficier Général d'un ton modéré, lui dit,
frape, mais écoute.

Ces mots prononcez avec soumis-
sion arrèterent la colère d'Euribiade,
il se raffit & ayant donné le loizir à
Témistocle de remettre sur le tapis toutes les raizons, tant de son avis que de

 l'al'avis contraire, pour en faire la comparaizon, Euribiade parut prandre le parti d'atandre les ennemis, mais Témiſtocle crut s'apercevoir que dans le fonds il demeuroit toujours irrézolu.

Il ne ſufizoit pas même pour le ſuccèz du combat qu'il eut pris le parti d'atandre les ennemis dans un ſi bon poſte, il faloit ancore que les vaiſſeaux Atèniens fuſſent ſufizanmant fournis de ſoldats, & Témiſtocle ne pouvoit y rémédier qu'en allant lui même perſuader aux Atèniens de lui donner la plupart des troupes qui ſervoient de garnizon à Atènes.

Mais quel moyen de leur perſuader de hazarder ainſi leur ville pour augmanter l'armemant de leur flote. Cependant il ſe détermina à aller promtemant à Atènes: On dit que dans ſon petit ſéjour il gagna quelques prètres de Minerve qui aſſurèrent publiquemant avoir vû la nuit cette Déeſſe qui ſortoit de la ville & qui alloit vers la mer; Mais ce qui ſervit le plus à déterminer les Atèniens, ce fut la nouvelle de la funeſte & glorieuze journée des Termopiles, ou Leonidas Roi de Spar-

Sparte & Généraliſſime des Grecs , qui s'etoit chargé de défandre ce paſſaje avec trois cens Lacédémoniens d'élite, y avoit eté anfin accablé par le nombre prodigieux des Perſes qui avoient à la fin tué tous ces trois cens braves hommes.

Or les Atèniens ne pouvant plus eſpérer de conſerver leur ville avec leur petite garnizon contre une multitude innombrable de Soldats de Xerxes victorieux, anvoyerent leurs femmes & leurs anfans dans les villes de la preſque Ile du Peloponèze & mirent la plupart de ce qui reſtoit de Soldats & toutes leurs eſpérances dans les ſuccez de la flote.

La conſternaſion d'Atènes avoit paſſé dans l'ame d'Euribiade, & il ne voyoit de ſalut qu'à quitter le poſte des détroits de Salamine pour mener ſes vaiſſeaux vers le Péloponèze.

Dans cette conjonĉture ſi ambaraſſante, Témiſtocle uza d'un nouveau ſtratagème : Il fit dire à Xerxes par un eſpion habile, que les Grecs etoient dans la plus grande conſternaſion, & qu'ayant appris la facheuze nouvelle des Termopiles, ils avoient rézolu dans le conſeil de ſe ſauver la nuit ſuivante vers le Péloponeze.

Cet eſpion qui paroiſſoit s'être échapé habilemant de ſes ennemis, fit ſi bien ſa comiſſion que cette rézolution des Greqs parut vraiſamblable à Xerxes ; Ainſi ſes vaiſſeaux vinrent de grand matin attaquer l'armée navale d'Euribiade qui fut ainſi obligé de combattre, pour ainſi dire malgré lui, dans le poſte qu'il vouloit abandoner; Or comme hureuzemant à cauze du peu d'eſpace entre l'Ile d'Eubée & la terre, ſes vaiſſeaux ne pouvoient être envelopez par les vaiſſeaux ennemis, la valeur & l'habileté des Grecs l'amportérent bientôt à nombre égal ſur les ennemis.

Les Perſes furent donq anfin mis en déroute, & la victoire d'Euribiade, qui etoit duë au Stratagème de Témiſtocle, fut complète.

Les vaiſſeaux ennemis etant la plupart pris & diſperſez, on délibéra dans le conſeil de ce qu'il etoit plus à propos d'antreprandre. Témiſtocle audacieux propoza de mener l'armée navale vers le Bosfore pour rompre le pont de Xerxes, afin que ce Prince ne

puſt

put rien ſauver de ſon armée de terre,
parce que, lepont etant rompu, Xerxes
n'auroit pu répaſſer en Azie ; Mais A-
riſtide s'y opoza fortemant en diſant au
contraire; qu'il ſeroit à ſouhaiter que ce
Prince eut pluſieurs autres ponts ſamblables pour faire plus promtemant
répaſſer ſon armée en Azie, parce que
ſi elle etoit anfermée dans la Grèce &
ſi elle ſe trouvoit dans la néceſſité de
vaincre ou de mourir de faim, ces
troupes ſi nombreuzes deviendroient
courajeuzes par dèzeſpoir & accable-
roient bientôt antièremant la plupart
des villes Grèqes par leur multitude
prodigieuze.

Témiſtocle revint à cet avis, mais
il fit ſecrètemant donner avis à Xerxes
par divers eſpions qui ſe laiſſoient prandre par des partis ennemis, que les
Greqs n'attandoient plus que quelques
vaiſſeaux pour aller s'emparer de ce
pont de vaiſſeaux.

Or comme la choze etoit trèz poſſi-
ble, & que ce Prince craignoit que
ſon armée ne fut ainſi afamée, il anvoya ordre à ſes Généraux de faire répaſſer le trajet de mer de l'Helleſpont à
ſon

ſon armée par ce même pont avant qu'il
put être attaqué par les vaiſſeaux des
Grecs; Ce fut ainſi que les Grecs furent délivrez de la terrible conſternaſion ou les avoit jetté une armée de
quatre ou cinq cens mille hommes &
de mille vaiſſeaux.

Xerxes laiſſa ſeulemant Mardonius
en Grèce, avec un corps de troupes
qui n'etoit que la moitié de cette e-
pouvantable armée, & elle fit ancore
tant de peine aux Grecs que l'on peut
juger de là, comme en avoit jugé Ariſtide, ce qu'auroit fait toute l'Armée
ennemie, ſi elle avoit eté forcée de
ſe hâter d'ataquer tout ce qui ſe pré-
zanteroit d'ennemis de peur de mourir
de faim.

On prétand que Témiſtocle par la ruze
de ſes eſpions, qui délivrérent la Grece de
la crainte de l'armée ennemie,,, ſe prépa-
roit dèz lors une rétraite dézirable chez
Xerxes, comme lui aïant fait donner
ſous main un conſeil de la dernière importance pour le ſalut de ſon armée.

Quoi qu'il en ſoit, il ranporta le
prix de la valeur & de la bonne conduite dans la bataille de Salamine du
con-

conſantemant de tous les Grecs. La vérité les força à lui randre ce témoignage malgré l'anvie de ſes rivaux.

Tous les Capitaines aïant eté obligez de déclarer, par des billets pris ſur l'autel, les deux qui avoient combatu avec plus de valeur dans cette occazion, on vit que chacun des capitaines s'ajugea le premier rang, & qu'ils donnerent le ſegond à Témiſtocle. Les Lacédémoniens même l'ayant mené à Sparte, que l'on nomme auſſi Lacédémone, pour lui randre les honneurs qui lui etoient dûs, donnerent à leur Général Euribiade le prix de la valeur, & à Témiſtocle le prix de la conduite & de la ſajeſſe, les honorant l'un & l'autre d'une courone d'olivier. Ils firent auſſi prézant à Témiſtocle du plus beau char qui fut dans la ville, & à ſon départ ils anvoyerent trois cens jeunes hommes des plus conſidérables pour l'accompagner par honneur juſqu'au chemin des montagnes qui mêne à Atènes.

On raconte ancore qu'aux jeux Olimpiques de toute la Grèce qui furent célébrez aprèz cette fameuze bataille de Salamine, ſitôt que Témiſtocle eut

paru

paru dans le Stade, toute l'affamblée des Spectateurs ne fe foucia plus de regarder les combatans: Elle eut pandant tout le jour les yeux attachez fur fa perfonne en fe le montrant les uns aux autres & aux étrangers avec des batemans de mains, & avec toutes les marques d'une admirafion extraordinaire, dont il fut fi ravi qu'il avoüa à fes amis, que ce jour là il récueilloit avec uzure le fruit de tous les travaux qu'il avoit entrepris pour le falut de la Grêce.

Mais ces grans aplaudiffemans publiqs, en lui cauzant une grande joye, lui cauzérent auffi une grande prézomption. Il fe crut alors beaucoup plus eftimable qu'il n'etoit & commanfa à ne pas affez eftimer les autres & à leur laiffer antrevoir des marques du peu d'eftime qu'il avoit pour eux.

Il eut à la vérité un grand crédit dans Atènes, mais il fe fit, par fes difcours prézomptueux & par fes manières méprizantes, tant & de fi puiffans ennemis, que tous réüniffant le crédit qu'ils avoient fur le peuple, le firent anfin bannir du Ban d'Oftracifme, comme il avoit fait bannir auparavant

vant Ariſtide ſon rival de gloire & de crédit.

Cette ſorte de banniſſemant ne le ſupozoit pas criminel, mais ſeulemant faizoit connoître qu'il etoit trop accrédité parmi le peuple pour n'être pas rédouté des principaux oficiers d'une République, ou le peuple etoit le maître. Ils craignoient avec raizon que ce peuple ne ſe choizit un Roi, & que ce Roi ne lui fit perdre la liberté des ſufrajes & toute leur conſidération.

La victoire de Salamine n'avoit pas ajouté plus de dégrez à ſes talans & à ſes vertus qu'à ceux d'Ariſtide & à ceux des autres capitaines qui y avoient combatu. Cette victoire qui avoit ajouté une grande illuſtraſion à ſa perſonne, n'avoit pas pour cela augmanté ſon mérite réel, ni ſon zèle pour la Patrie; Mais les honneurs publiqs, les reſpects qu'il récevoit etant beaucoup plus grans que ceux qu'il avoit coutume de récevoir, lui avoient perſuadé que ſon mérite avoit auſſi augmanté à proporſion de ſa fortune.

Il auroit eté fort eſtimable de conſerver de la modeſtie dans cette occazion,

zion, mais faute de cette modération
qui ſied ſi bien aux Grans Hommes,
il ne parut qu'un homme du commun
qui ſe laiſſoit enivrer des ſuccez dont il
devoit la plus grande partie à la fortune; Ainſi il ſe laiſſa précipiter dans
une prézomption exceſſive & dans un
enivremant ridicule & méprizable;
Ainſi comme il n'etoit pas Grand de
tous les cotez, on commanſa à méprizer ſes manières prézomptueuzes &
puis à le craindre, & anfin à le haïr,
& le peuple qui paſſe aizémant d'une
extrémité à l'autre, ſur tout quand le
crédit des déclamateurs n'eut pas plus
de peine à le bannir prézomptueux',
qu'il avoit eu de plézir à lui aplaudir
victorieux.

Aprèz qu'il eut eté chaſſé d'Atènes
& pandant qu'il demeuroit à Argos,
Pauzanias Atènien fut pourſuivi comme un traître qui avoit conjuré contre
ſa Patrie, d'intelligence avec les Perſes. Celui qui l'accuza & qui inten-
ta action contre lui, ce fut Léobates
protégé dans cette pourſuite par les
Lacédémoniens jaloux perpétuels des
Atèniens.

Pau-

Pauzanias avoit d'abord caché ſa trame à Témiſtocle, quoi qu'il fut un de ſes meilleurs amis ; Mais dez qu'il le vit banni, comprenant imprudammant qu'il ſeroit plein de resſantimant pour cette injure contre leurs communs concitoyens, il prit la hardieſſe de lui communiquer ſa conjuration & de le preſſer d'y antrer.

Pour l'y angager lui même, il lui fit voir les lettres que lui ecrivoit & les promesſes que lui fezoit le Roi de Perſe ; Mais il tâcha en vain de l'animer contre les Aténiens, en lui exagérant leur méchanceté & leur ingratitude.

Témiſtocle rejèta bien loin la propoziſion de Pauzanias & lui déclara nètemant qu'il ne vouloit plus avoir aucune communicaſion, ni aucun comerce avec lui ; Mais il eut le tort & l'inprudance de lui garder le ſecret & ne découvrit à perſonne les desſeins criminels qu'il lui avoit découverts, peut être parce qu'il eſpéra ou qu'il y renonceroit de lui même, ou qu'il ne douta pas qu'un homme ſi jnprudant ne fut bientôt découvert, puiſque ſans aucune aparanſe de raizon, il eſpéroit des chozes qui ne pouvoient jamais réüſſir, & efectivemant on eut bientôt des preuves ſufizantes de la conſpiraſion & il fut mis à mort.

Malhureuzemant on trouva parmi ſes papiers des lettres d'amitié de Témiſtocle & d'autres écrits qui marquoient beaucoup d'intimité entre eux, ce qui ſufizoit pour donner beaucoup de ſoupſon contre Témiſtocle; D'un coté les Lacédémoniens crioient beaucoup contre lui, & de l'autre ſes anvieux parmi ſes citoïens l'accuzoient ouvertemant de complicité. Il répondoit par lettres dans ſon exil à toutes ces calomnies, & pour réfuter les accuzaſions de ſes ennemis il ecrivoit aux Aténiens: Qu'aïant cherché toujours à dominer, comme ils en convenoient, & n'etant nulemant né pour la ſervitude, il n'y avoit aucune aparance qu'il eut voulu jamais ſe livrer lui même & ſa patrie, & dévenir eſclave d'un Roi leur ennemi commun. Cépendant le peuple perſuadé par les calomnies & par les artifices de ſes accuzateurs, anvoïa des gens pour ſe ſaizir de ſa perſonne, afin qu'il fut jugé par le Conſeil Général de la Grèce.

Té-

Témiſtocle, quoi qu'innoſant de cette accuzaſion, craignant le grand crédit de ſes accuzateurs & de ſes autres ennemis, & etant averti asſez à rems de ce décret, pasſa dans l'Ile de Corfou à la quelle il avoit randu aurefois un ſervice; Car ayant eté elu uge d'un diférant qu'elle avoit avec les Corintiens, il les condana à payer vint talans aux habitans de Corfou & ordonna qu'ils joüiroient tous anſamble par égales porſions de l'Ile de Leucade Colonie de ces deux peuples.

De là il s'anfuit en Epire, & ſe voyant ancore pourſuivi par les Lacédémoniens & par les Ateniens, il pasſa chez les Molosſes, & ſe réfugia chez Adméte leur Roi, qui ayant eté autrefois mal recu par Témiſtocle, lors qu'il avoit la principale autorité à Aténes, en avoit conſervé du resſantimant conre lui. Il avoit même temoigné pluſieurs fois qu'il s'en vangeroit s'il en rouvoit jamais l'occazion.

Mais Témiſtocle jugea dans ſa diſgrace, que l'anvie ancore toute recente de ſes citoyens & la haine de ſes ennemis prézans etoit ancore plus à craindre pour lui que l'ancienne haine de ce

Roi ofanfé depuis long tems. Ainfi
il antra chez lui inconnu, & s'affit au
milieu de fon foyer antre fes dieux domeftiques ; Or les Molosfes eftiment
cette forte de fuplication la plus grande & la feule qu'on ne fauroit prefque
rejeter, & ce fut la femme du Roi
nommée *Phtie* qui, touchée des malheurs du grand Témiftocle, lui anfégna
cette manière de fuplier & qui, lui met-
tant fon fils antre les bras, le fit asfeoir
dans fon foyer & obtint grace pour cet
illuftre captif.

Il ne fut pas long tems dans cette
rétraite & pour ne point attirer d'ennemis à fon hôte, il fortit & s'anbar-
qua fur un vaisfeau marchand qui alloit
en Iönie Province de Perfe, fans être
connu des autres pasfagers. Ce vaisfeau
aïant eté porté par la tempête prez de
l'Ile de Naxe qui etoit alors asfiegée
par les Aténiens, le grand danger ou il
fe vid de tomber antre leurs mains, l'o-
bligea de déclarer fon nom au maitre
du vaisfeau & au pilote, & leur dit
qu'il déclareroit aux Aténiens qu'ils
l'avoient reçu dans leur bord non par
ignoranfe de fon nom, mais pour de
l'argent. Enfin il fit fi bien par fes
pro-

promeslea & par ſes menaces qu'il les força de paſſer outre. & de tenir la route d'Azie ſans toucher à Naxe.

Ses amis durant ſon exil ſauverent la plus grande partie de ſes richeſſes & les lui firent tenir en Azie ; Mais tout ce que ſes ennemis purent découvrir fut confisqué & porté au trézor publiq. Theopompe fait monter cette confiscation jusqu'à la ſomme de cent talaes, ou cent mille onces d'argent, quoique Témiſtocle ne poſſedât pas la valeur de trois talans lors qu'il antra dans le Gouvernemant de la République. Ces grandes richeſſes ne ſont pas à ſaloüange, & une conduite toute opozée que tint Ariſtide, qui n'amaſſa rien, lui donne une grande ſupériorité de mérite Naſional ſur Témiſtocle.

Quand il fut arrivé à la vuë de Cumes, il apprit qu'il y avoit ſur la côte beaucoup de gens armez qui le cherchoient pour le prandre, ſur tout un certain Ergoteles & un nommé Pitodorus ; Car c'etoit une riche proye pour des gens qui vouloient profiter de toutes ſortes d'occazions pour s'an-

 ri-

richir, le Roi de Perſe ayant fait publier qu'il donneroit deux cens talans à celui qui le lui ameneroit ; Il s'anfuit donq à Ages petite ville Eolique ou il n'etoit connu de perſonne que de ſon hôte Nicogène le plus riche de tous les Eoliens & qui avoit de grandes rélaſions à la Cour de Perſe.

Pour le conduire en ſureté à cette Cour, Nicogène imagina une ruze qui réüſſit. La plupart des etrangers & ſur tout les Perſes ſont naturèlemant jaloux juſqu'à la fureur, non ſeulemant des femmes qu'ils ont epouzées, mais de leurs esclaves & de leurs concubines ; Ils les gardent trez étroitemant & les tiennent anfermées avec grand ſoin, afin qu'elles ne puiſſent êcre vuës d'aucun homme, & dans les voyages ils les font partir ſur des chariots dans des pavillons bien fermez.

Nicogène fit mettre Témiſtocle dans un de ces chariots, lui donnant des hommes pour l'accompagner & pour répondre à ceux qu'ils rançontreroient dans le chemin & qui demanderoient ce qu'il y avoit dans le

pa-

pavillon, que c'etoit une femme Grèque que l'on menoit d'Iönie à un ſe-
gneur de la Cour du Grand Roi.

Xerxes etant venu à mourir dans
ce tems là, Témiſtocle arriva juſ-
temant lorsque ſon fils Artaxerxes venoit de monter ſur le trône. Alors ſe
voyant angagé dans un grand péril,
il s'adreſſa à Artaban capitaine de mille
hommes, & lui dit qu'il etoit Greq
de Naſion, qu'il venoit pour parler au
Roi d'une afaire de trez grande conſéquance & que le Roi avoit extrémemant à cœur. Artaban lui répondit:
,, On dit que vous autres Greqs vous
,, préférez la liberté & l'égalité à tou-
,, tes chozes, & nous dans le grand
,, nombre de belles & bonnes loix
,, que nous avons, celle qui nous pa-
,, roit la plus belle, c'eſt la loi qui
,, nous ordone d'honorer le Roi & d'a-
,, dorer cette image vivante de ce Dieu
,, immortel qui antretient & conſerve
,, toutes chozes. Or ſi, te conformant
,, à nos coutûmes, tu veux l'adorer en
,, te proſternant, il t'eſt permis de le
,, voir & de lui parler; Mais ſi tu ne
,, veux point te proſterner, tu ne
,, pouras parler au Roi que par tierce

,, per-

„ perſonne; Car telle eſt la coutume
„ en Perſe: Le Roi ne donne jamais
„ audiance à qui que ce puiſſe être
„ qu'il ne l'ait adoré en ſe proſter-
„ nant.

Témiſtocle aïant oüi ces paroles
„ répondit: Artaban je ne ſuis venu
„ ici que pour augmanter la gloire &
„ la puiſſance du Roi votre maitre, &
„ j'obéïrai volontiers à vos loix, puis-
„ que telle eſt la volonté de Dieu qui
„ a élévé l'Empire des Perſes au plus
„ haut degré de ſplendeur;" Mais je
„ ferai en ſorte que votre Roi ſera ado-
„ ré par un plus grand nombre de
„ peuples. Que cela ne rétarde donq
„ point ce que j'ai à lui communi-
„ quer; Mais, réprit Artaban qui
„ lui dirai je que tu es, car à tes diſ-
„ cours on voit bien que tu n'es pas
„ un homme ordinaire? C'eſt ce que
„ perſonne ne ſaura avant le Roi, ré-
„ prit Témiſtocle". On dit qu'il fut
récommandé fortemant à Artaban par
une Dame d'Eretrie que ce capitaine
aimoit & avec la quelle Témiſtocle qui
etoit d'une figure aimable, avoit eu
le bonheur de faire connoiſſance.

Quand

Quand Témiſtocle fut introduit devant le Roi, il l'adora en ſe proſternant & ſe tint dans un profond ſilence. Le Roi commanda à un truchemant de lui demander qui il etoit, & le truchemant ayant exécuté l'ordre, Témiſtocle dit ” Grand Roi je ſuis
„ Témiſtocle Aténien qui, aïant eté
„ banni par les Greqs, me ſuis rétiré
„ vers vous : Veritablemant j'ai fait
„ beaucoup de mal aux Perſes, mais
„ je leur ai fait ancore plus de bien ;
„ Car ce fut moi qui ampèchai les
„ Greqs de les pourſuïvre lorsque la
„ Grèce etant antièremant ſauvée, je
„ crus qu'il m'etoit permis de faire un
„ grand plézir aux Perſes en donnant
„ avis à Xerxes que les Greqs délibé-
„ roient s'ils n'iroient pas attaquer vo-
„ tre pont de bateaux fait ſur le dé-
„ troit de mer ; Je n'ai d'autres pan-
„ ſées que celles qui conviennent à
„ l'Etat prézant de ma fortune, & je
„ viens dans la diſpozition de récevoir
„ vos bienfaits comme une grace ſi
„ vous êtes appaizé anvers moi, ou
„ de dezarmer votre raſſantimant par
„ mes ſoumiſſions & par mes priéres.
„ Prenez donq mes ennemis mêmes

N 5

pour

„ pour témoins du grand ſervice que
„ j'ai randu à vos troupes & ſervez
„ vous de mon malheur plutôt pour
„ montrer votre vertu que pour ſatis-
„ faire votre colêre.

Le Roi ne lui répondit rien alors
quoi qu'il fut rampli d'admiraſion de
ſa fermeté, de ſa hardieſſe & de ſa belle
Phizionomie, il lui fit ſeulemant dire
qu'il feroit ſavoir ſa réponſe; Mais il
ſe félicita beaucoup avec ſes oficiers &
ſes courtizans de cette avanture comme d'un trez grand bonheur, & pria
ſon Dieu Arimanius d'anvoyer toujours
à ſes ennemis de ſamblables panſées &
de les porter à ſe défaire de leurs plus
grands perſonages. Il en rémercia
ſes Dieux par des ſacrifices, commanda un grand feſtin & s'etant couché
l'excez de ſa joye fit qu'il s'écria trois
fois dans la nuit en révant, eſt il pos-
ſible que j'aye entre mes mains Témistocle l'Aténien.

Le landemain dez la pointe du jour
il manda les plus Grans Ségneurs de ſa
cour & fit apeller Témiſtocle qui ne
s'attandoit à rien de favorable, ſur tout
dépuis qu'il eut vû que les gardes n'eurent pas plutôt appris ſon nom qu'ils
lui

lui donnerent des marques de leur haine & le chargérent d'injures & de maledixions, jusques là que Roxane capitaine de mîle hommes, lors que Témiſtocle paſſoit prez de lui dans la ſale même du Roi qui etoit aſſis ſur ſon trône, tout le monde etant dans un ſilance reſpectueux, lui dit tout bas: *Serpent de Grèce plein de ruze & de malice, la fortune du Roi t'amène ici.*

Cependant le landemain dez qu'il fut devant le Roi & qu'il l'eut adoré pour la ſegonde fois, le Roi le ſalüa & lui dit d'un ton gracieux, *Témiſtocle, je vous dois deux cens talans deux cens mille Ecus; Car puiſque vous vous etes prézanté vous même, il eſt juſte que vous receviez la récompanſe que j'avois promiſe à celui qui vous améneroit.*

Il lui fit auſſi un ſouris gracieux, & le raſſura antièremant par ſes paroles & par ſes promeſſes. Il lui dit anſuite, vous pouvez dire avec une pleine confiance au truchemant tout ce que vous avez à me propozer ſur la Grèce.

Témiſtocle lui répondit : Sire les diſcours des hommes reſſamblent propremant à des tapisſeries à perſonages
qui

qui font pliées, & qui, lors qu'on les
déplie, dévélopent & montrent les
perfonages, au lieu qu'ils demeurent
cachez tant que les tapifferies demeurent à demi pliées; Ainfi j'ai bezoin
de tems pour déploïer & dévéloper en
votre langue mon plan par mon discours.

Le Roi charmé de cette réponfe lui
permit de demander tout le tems qu'il
voudroit. Témiftocle demanda un an,
& dans ce tems là ayant fufizanmant
appris la langue des Perfes, il parla au
Roi fans truchemant.

Ceux qui n'étoient pas de la cour
crurent qu'il n'avoit entretenu le Roi
que des afaires de la Grèce; Mais les
changemans qui arriverent dans ce
même tems à la cour & dans le Mi-
niftère, le randirent fuspeċt aux Grans
Ségneurs qui crurent qu'il avoit eu l'audace de parler libremant d'eux & de leur
conduite au Roi; Auffi les honneurs
que le Roi fezoit aux autres etranjers
n'aprochoient pas de ceux qu'il fezoit
à Témiftocle. Il le menoit à la chas-
fe, le mettoit de tous fes plézirs & de
fes divertiffemans & s'entretenoit avec
lui en particulier. Il le prézanta même

me à la Reine ſa mere qui l'honora de ſon affexion, & lui donna les antrées chez elle. Le Roi voulut auſſi qu'il apprit la Siance des Mages, c'eſt à dire la Filozofie des Perſes.

Demaratus de Sparte etoit dans ce même tems à la cour. Le Roi lui demanda quelle récompanſe il vouloit pour les ſervices qu'il lui avoit randu, & il fut aſſez fou & aſſez impertinant pour le ſuplier de lui permettre de faire ſon antrée à cheval dans la ville de Sardis avec la Tiare Roïale ſur la tête. Mitrophauſſez couzin germain du Roi prenant Démaratus par la main, lui dit; Mon ami, cette tyare Royale n'aporté point avec elle de cervelle qu'elle puiſſe couvrir, tu aurois beau tenir dans tes mains la foudre, tu ne ſerois pourtant pas Jupiter.

Le Roi fut ſi choqué de cette demande impertinente qu'il chaſſa Démaratus de ſa prézance & ne vouloit point lui pardonner; Mais Témiſtocle interceda pour lui & le remit anfin dans ſes bonnes graces. Le crédit de Témiſtocle etoit ſi grand qu'aprez ſa mort ſous les règnes ſuivans, ou les afaires des Perſes furent ancore plus mêlées

avec

celles des Grecs , lorsque les Perfes vouloient attirer quelque Grec Illuftre à leur fervice, ils lui promettoient en propres termes qu'il feroit plus grand auprez d'eux que Témiftocle n'avoit eté auprez du Roi Artaxerxes.

On dit que Témiftocle parvenu à ce haut dégré de faveur , honoré & récherché de tous les courtizans qui s'anpreffoient à lui faire la cour, dit un jour à fes anfans qui regardoient fa table magnifiquemant fervie : *Mes anfans nous ferions perdus fi nous n'avions eté perdus* ; C'eft à dire, notre disgrace a fait notre bonheur.

Le Roi lui donna le revenu que l'Etat tiroit des villes de Magnéfie, de Lampfaque, de Myonte, de Percote & de Palasceptes, & Témiftocle pour éviter de donner plus long tems de la jalouzie aux courtizans, demanda la permiffion d'aller dans les provinces maritimes pour régler quelques afaires qui regardoient la Grèce & la Perfe.

Un Ségneur de Perfe nommé Epixis Satrape, ou gouverneur de la Phrygie fupérieure, qui croïoit avoir à fe plaindre de Témiftocle, lui dreffa des embuches & apofta quelques Soldats Pizidiens qui

fous

ſous le nom de voleurs, devoient le tuer lors qu'il arriveroit dans la ville apel-lée Léontocephale, c'eſt à dire *tête de Lyon.*

Mais avant' qu'il y arrivât, comme il dormoit dans ſon logis ſur l'heure de midi, il crut voir en ſonge Cibèle la mere des Dieux qui lui dit, *Témiſto-cle, eloigne toi de la tête du Lyon pour ne pas tomber entre ſes grifes & pour prix de l'avis que je te donne, je te deman-de pour mon ſervice Mnéſiptolème ta fille.*

Témiſtocle s'eveillant en ſurſaut & troublé de ce ſonje fit ſes priéres à la Déeſſe, quitta le grand chemin, prit un détour & aprez avoir évité de paſ-ſer à Leontocephale, alla paſſer la nuit ſous une de ſes petites tantes, parce qu'un des charretiers qui portoient ſa belle tante, en laiſſa tomber les tapis-ſeries dans l'eau. Les eſclaves les tan-dirent toutes moüillées pour les faire ſè-cher, alors les Soldats Pizidiens qui etoient aux aguets, ne diſtinguant pas bien les objets au clair de la lune, pri-rent ces tapiſſeries tanduës pour le pa-villon de Témiſtocle, & y voulurent àntrer l'epée à la main, eſpérant qu'ils

l'y

l'y trouveroient lui même tout endor-
mi ; Mais dez qu'ils ſe furent appro-
chez & qu'ils commanſerent à lever un
coin de ces tapiſſeries, les gens de Témiſtocle les aperçurent & les chargerent vigoureuzemant l'épée à la main
& les prirent prizonniers.

Témiſtocle echapé de ce danger de
cette maniere ne pouvant aſſez admirer
l'atanſion de la Déeſſe, lui bâtit dans
la Ville de Magnèzie un temple qu'il
apela le temple de Dindimène & lui
conſacra ſa fille Mnéſiptolème qu'il
en fit grande prètreſſe.

A la manière ſimple dont Plutarque
raconte cette Hiſtoire, ſans dire que
de mille ſonjes il y en à quelquefois un
ou deux qui par hazard ont raport aux
afaires du ſonjeur, il ſanble que cet
homme ſanſé ait regardé, il y a 1500 ans,
ce ſonje de Témiſtocle fait dans un peïs
chaud, à midi, comme une révélaſion
réelle de la part de cet Etre imaginaire
apellée alors la Déeſſe Cybèle.

Nous en ſommes ſurpris, mais notre ſurprize ceſſera quand nous ferons
réflexion à la crédulité des anfans &
combien lantemant la Raizon humaine
s'éloigne de l'anfance, ſur tout durant

les

les guerres, & Dieu veuille que dans 1500 ans on ne nous fasse pas ancore quelque reproche sanblable sur nos Histoires merveilleuzes & sur notre excessive crédulité.

Témistocle etant arrivé à Sardes, en allant un jour viziter les Tamples & les ofrandes qu'on y avoit consacrées, il vit dans le temple de la Mère des Dieux la petite Hydrophore; C'etoit une petite statuë de bronze de deux coudées qu'autrefois, lors qu'il avoit l'Intandance des eaux à Atènes, il avoit fait faire des amandes aux quelles il avoit condamné ceux qui avoient détourné les eaux publiques par des canàux pour leurs uzajes particuliers; Il l'avoit consacrée dans un Temple d'Atènes; Il rézolut de l'y ranvoyer; Ainsi il alla voir le Gouverneur de Lydie & lui demanda la permission d'amporter la statuë; Mais le Gouverneur qui le haïssoit, parce qu'il prétandoit en avoir reçu de mauvais ofices auprez du Roi, s'etant fort amporré sur cette propofition, comme si on lui eut demandé un trophée pris sur les Grecs, le menaça de s'en plaindre au Roi. Témistocle qui craignit que ce Gouver-

neur ne lui randit à ſon tour de mauvais ofices à la cour par quelque ca-
lomnie, trouva le moyen de l'apaizer
par les libéralitez anvers pluſieurs de
ſes concubines. Elles intercedérent
pour lui & apaizerent le gouverneur.

Aprez cette avanture il ſe conduiſit
avec plus de circonſpéxion pour éviter
les efets de l'anvië & de la jalouzie des
Gouverneurs; Ainſi il n'alla plus ſe
promener dans les Provinces, mais il
ſe tint à Magnézie ou il vécut pluſieurs
années ſans aucune crainte, joüiſſant
paiziblemant des grans bienfaits du
Roi; Il recevoit les mêmes honneurs
que les plus Grans Ségneurs de Perſe
& paſſoit ainſi ſa vie tranquilemant avec
magnificence pendant que les affaires
des hautes Provinces de l'Azie occu-
poient le Roi & l'anpêchoient de
tourner ſes panſées du coté de la
Grèce.

Mais les nouvelles que l'Egipte, as-
ſiſtée des Atèniens, s'etoit révoltée contre Artaxerxes, que les vaiſſeaux des
Grècs s'etoient avancez juſqu'à l'Ile
de Cypre & aux côtes de Sicile, &
que Cimon leur Général etoit maître
de la mer, obligérent le Roi à lui
don-

donner un commandemant pour s'o-
pozer aux Grecs, & pour anpêcher
qu'ils n'augmantaſſent leur puiſſance
aux dépans de la ſienne, & leva par
tout des troupes, fit partir les oficiers
& depêcha à Magnézie des couriers
portant ordre à Témiſtocle de prandre en main la conduite de cette guerre contre les Greqs, & d'accomplir
ainſi les promeſſes qu'il lui avoit faites.

Mais Témiſtocle ne put être tanté
de ſe mettre à la tête de cette grande
expedition, ni par le reſſantimant qu'il
pouvoit conſerver contre le gouvernemant d'Atènes, ni par la joye de ſe
voir élévé à un ſi haut degré de puisſance & d'autorité.

Ce qui l'anpêcha d'accepter cette
commiſſion, ce fut la crainte de flé-
trir & de dezhonorer ſes grandes actions & ſes anciens trophées par un
amploi ſi honteux pour lui. D'un autre coté il ne vouloit pas dèzobéïr au
Roi ſon bienfaiɛteur; Ainſi il prit la
généreuze rézolution de terminer ſa vie
par une fin digne de lui.

Il fit donq annoncer un ſacrifice ſo-
                    lem-

lemnel au quel il apela ſes amis, & aprez les avoir ambraſſez & leur avoir dit les derniers adieux, il avala un poiſon trez puiſſant & mourut promtemant à Magnézie agé de ſoixante cinq ans, aprez avoir paſſé la plus grande partie de ſa vie dans le gouvernemant & dans le commandemant des armées de ſa République.

Le Roi aïant appris la cauze & la manière de ſa mort, l'admira, le regretta & continua à traiter favorablemant ſa famille, ſes amis & ſes domeſtiques.

Je ſai, dit Plutarque, que les deſcendans de Témiſtocle conſervent ancore à Magnézie, plus de cinq cens ans aprez ſa mort, certains honneurs qui leur ont eté accordez par la ville, & j'en ai vû joüir de mon tems Témiſtocle l'Atènien avec le quel j'avois fait connoiſſance & lié une amitié fort étroite chez le Filozofe Ammonius.

REFLEXIONS

Sur le Caractère de Témiſtocle.

Témiſtocle avoit une belle Fizionomie, une réprézantation majeſtueuze;
Elles contribuoient beaucoup à randre
ſon éloquanſe plus perſuazive & cette
éloquanſe ſervit beaucoup à ſa grande
fortune dans un peïs ou le moyen principal de faire une grande fortune, c'e-
toit l'art de bien parler en publiq & de
propozer avec ſuccez des réglemans &
des établiſſemans utiles à la République.

Cette belle Fizionomie & la grace
avec la quelle il parloit lui ſervirent
beaucoup dans ſes malheurs pour obtenir chez les etrangers, par la protexion
des dames, divers traitemans trez favorables.

Il croïoit que pour ſe faire un grand
etabliſſemant, il faloit faire beaucoup
parler de lui; Ainſi il afeƈtoit de faire
plus de dépanſe que les autres pour plére au peuple d'Atènes duquel dépan-
doient les grans anplois. Il donna des
fêtes publiques au peuple & on lui ajugea le prix pour avoir plus dépanſé &

O 3　　　　　plus

plus à propos que les autres à un spe-
&Ctacle qu'il avoit donné au peuple.

Il vouloit qu'on lui crut ancore plus
de talans & de crédit qu'il n'avoit, &
l'on remarqua un jour qu'il remit à la
veille de son départ quantité d'afaires
qu'il auroit pu expedier les jours pré-
cédans; Son but etoit d'avoir une plus
grosse cour & de passer pour plus ex-
peditif que ses pareils.

Il se soucioit ancore plus de *paroître*
habile à un haut point que de *l'être* en
efet, c'est que l'habileté ne contribuë
à la grande fortune qu'autant que l'on
paroit habile; Ainsi son principal bût
n'etoit rien de plus élévé, que celui
qu'avoient les hommes du commun;
C'etoit l'augmantasion de sa fortune &
de son autorité, il n'y avoit de diféranse sinon qu'il ne se fût pas contanté
comme les hommes de commun d'une
fortune médiocre.

Il cherchoit par tout le plaizir de
la distinxion, il cherchoit la gloire
bruyante & à s'atirer le respe&t des peuples. Il vouloit comme les anfans
faire plus de bruit que les autres &
n'avoit pas assez d'atansion à choizir
antre les distinxions celles qui sont les
plus

plus précieuzes. Il prenoit fouvant la fauffe gloire, la gloriole, pour la vraïe gloire; Ainfi il préféroit par exanple, le plézir de la magnificence qui fait plus de bruit, au plézir de la libéralité qui en fait moins: Il n'eftimoit pas affez le plézir de l'économie, quand elle eft pratiquée pour avoir l'honneur & le plézir d'affifter des familles malhureu-zes.

Avant la guerre de Salamine il fit rapeller plufieurs exilez, mais ce fut moins pour leur randre fervice & pour l'utilité de l'Etat que pour montrer fon grand crédit & pour s'aquérir plus de voix & plus de fufrajes, afin d'être un jour élu Général.

Il fezoit plus de cas des grans talans avec les quels on peut aquérir de gran-des richeffes en peu d'années, que des richeffes médiocres toutes aquizes En voici une preuve: Deux de fes amis lui propozerent un jour deux partis pour fa fille; L'un etoit riche mais fans talans, l'autre avec des talans mais point du tout riche: Il leur dit, *J'aime mieux pour elle un homme fans richeffes que des richeffes fans homme.*

Il dût à ſon tempérament impétueux & conſtant & à ſa grande ambiſion
ſes grans talans, & à ſes grans talans
la grande élévaſion de ſa fortune. Il
dût à ſes défauts, à ſa fierté, à ſon im-
paſiance, à ſa prézomption tous les
malheurs de ſa vie. Il n'avoit pas appris dans ſa jeuneſſe à modérer de tems
en tems ſon impétuozité, pour en être
plus eſtimé; Ainſi ce qui ſervit à l'é-
léver à un ſi haut dégré de faveur ſervit auſſi à l'en faire tomber faute de
paſiance à ſoufrir ſans murmurer les
injures que lui attiroit néceſſairemant
la jalouzie de ſes concitoyens, & cela
me confirme dans l'opinion, que la
grande paſiance ſans ſe plaindre dans les
injures qu'on reçoit, eſt une vertu qui
n'eſt pas moins néceſſaire pour former
un Grand Homme que les grans talans
& le grand courage.

Le parti qu'il prit de s'anpoizoner
plutôt que de manquer de reconnois-
ſance ou anvers ſa Patrie, ou anvers
Artaxerxes ſon bienfaiƈteur, me paroit
un parti digne d'un Héros trez courajeux, mais non pas d'un Héros trez
prudant.

Car

Car anfin que fezoit il en s'ampoizo-
nant finon de dévénir inutile & à fa Patrie & à fon bienfaicteur? Or ne pouvoit
il pas porter fon poizon avec lui à la
cour & dire à Artaxerxes qu'il venoit
lui ofrir fes fervices pour foumettre les
Egiptiens, & pour réconcilier les A-
tèniens avec lui felon la juftice, ou pour
avaler fon poizon en fa prezance s'il
ne pouvoit plus lui randre fervice fans
dévénir ingrat & criminel ou anvers
lui, ou anvers fa Patrie.

Le parti qu'il prit de quitter la vie
de peur de fervir contre fa Patrie prouve qu'aparanmant fes ennemis l'avoient
accuzé injuftemant d'avoir voulu la
trahir : Il eft vrai que par fa conduite
paffée il avoit pu donner occazion aux
foupfons d'une ambifion exceffive &
injufte; Mais du moins il prouva par
fa mort qu'il etoit alors dans des fantimans trèz vertueux.

Artaxerxes qui admira fa mort courajeuze & vertueuze, l'auroit ambraffé
& fe feroit contanté de l'amployer à
foumettre les Egipfiens, & à donner
une fatisfaxion jufte aux Grecs & il
auroit ainfi randu au Roi & aux Grecs
le plus grand fervice qu'il etoit poffible

 de

de leur randre dans cette conjonĉture, en prenant le parti le plus raizonable & le plus avantajeux pour eux tous; Mais Témiſtocle, né impétueux, ſe livrant à ſon impétuozité naturelle, ne daigna pas ecouter la Raizon.

OBSERVASION
SUR CE
NOUVEAU PLAN.

Cette vie de Témiſtocle dans Plutarque eſt la moitié plus longue qu'elle n'eſt ici. Cepandant les leĉteurs connoitront dans celle-ci plus facilemant & ſans diſtraxion les talans, les défauts & les vertus de Témiſtocle & leurs diférans dégrez. Ils verront avec plus de netteté ſon mérite à l'égard de ſa Patrie, ſes antreprizes, ſes ſuccèz, leurs cauzes, les divers evénemans de ſa fortune, ſes bonheurs, ſes malheurs & leurs cauzes. Ils verront mieux ſon génie & ſon caraĉtère.

Ils verront en moins de tems & avec plus de plézir les dégrez d'amour qu'il
s'eſt

s'eſt attiré par ſes qualitez aimables,
& les dégrez d'admiraſion qu'il a excitez par ſes qualitez eſtimables. Ils
verront les dégrez de mépris & de haine qu'il s'eſt attiré dans ſa Patrie par
ſes hauteurs & par ſes impaſiances ;
Ainſi d'un coté leur curiozité ſera
plus aizémant ſatisfaite ſur Témiſtocle, & de l'autre, ils y trouveront plus
d'utilité en aprenant ſans diſtraxion les
moyens de dévenir plus ſages & moins
expozez aux malheurs. Ils pouront
même y fortifier leurs eſpérances pour
aquérir des talans avec peine, afin de
ſe randre avec plus de joye ancore plus
utiles à la Patrie, & tel doit être le
bût des Auteurs bons citoyens.

ARISTIDE.

Entre les Hommes Illuſtres dont
Plutarque ait écrit la vie, un de ceux
qu'il eſtime le plus & qui me paroit un
des quatre ou cinq qui ſont efeƈtive-
ment les plus eſtimables, c'eſt Ariſtide fils de Nyzimachus Aténien, pour
ſes grans talans dans la guerre & dans
le Gouvernemant de la République,
&

& pour la grandeur de fon zêle, tant pour la juftice que pour la plus grande utilité de fa Patrie.

Il ne faut point de meilleure preuve de fon grand zèle pour la juftice que le furnom de *jufte* qui lui fût donné comme de concert par fes concitoyens durant fa vie, qu'il a toujours confervé dépuis dans l'Hiftoire.

Surquoi il eft à propos d'obferver, que par le terme de *jufte* Plutarque antandoit non feulemant celui qui connoit mieux qu'un autre de quel coté eft la juftice, & qui la rand comme juge aux parties conteftantes malgré les recommandafions puiflantes, & qui rand à tout le monde ce qu'il doit ; Mais par ce mot il antandoit ancore celui qui donne plus qu'il ne doit. Il antandoit non feulemant celui qui n'exige que ce qui lui eft dû de fes créanciers & de fes inférieurs, mais ancore celui qui exige moins qu'il ne lui eft dû, c'eft à dire le Bienfaizant.

Au lieu que nous, par le terme de *jufte* nous antandons celui qui rand tout ce qu'il doit, & nous panfons que celui qui eft toujours bienfaizant eft plus que jufte, parce qu'il donne plus

qu'l

qu'il n'a reçu & qu'il ſe contante de moins qu'il de lui eſt dû.

De là il ſuit que celui qui reçoit une injure, un tort, une ofanſe, qui pardonne & qui n'en demande point la réparaſion qui lui eſt duë, eſt plus que juſte & qu'il eſt véritablemant trez bienfaizant.

Au reſte il y a bien de l'aparance que lorſque les Anciens ont amployé le terme de juſte, ils ont antandu juſte & bienfaizant, comme dans ces phraſes : *Il mourut de la mort des juſtes : Les juſtes ſeront récompanſez dans la ſegonde vie;* Mais à parler plus exactemant, ce ſeront les ſeuls bienfaizans qui ſeront récompanſez dans la ſegonde vie, parce que ce ſont les ſeuls à qui il eſt dû, les ſeuls qui méritent réconnoiſſance, loüange & récompanſe.

Ariſtide nâquit à Atènes vers l'an cinq cens avant l'Erre Crétienne, & en même tems que Témiſtocle. Ils commancèrent à ſe broüiller dans leur jeuneſſe comme rivaux & continuèrent à ſe contredire trez ſouvant dans leurs harangues devant le peuple par la diféranſe de leurs opinions, ſur

tout

tout lors qu'il etoit queſtion de la plus grande utilité publique, & devinrent ainſi peu à peu rivaux en crédit dans le milieu de leur vie, comme ils avoient eté rivaux en amour dans leur première jeuneſſe.

Comme ils ſe contredizoient preſque toujours dans les harangues qu'ils faiſoient devant le peuple, il y en avoit toujours un d'eux qui ſe trompoit. Ariſtide ayant un jour fortemant contredit Témiſtocle dans un projet utile que celui-ci propozoit, & ayant dépuis reconnu la grande utilité de ce projet; Comme on en parloit quelques jours aprèz à table, il dit à ſes amis: En verité, *Je ne ſai ſi la République ne feroit pas ſajemant de nous faire nèyer tous deux, Témiſtocle & moi, pour notre pène de nous contredire ſi ſouvant ſans rézon & au préjudice de l'interèt de la Patrie.*

Ce répantir d'avoir contredit innocemmant mais légéremant ſon rival qui propozoit un parti avantajeux à la République, lui eſt d'autant plus glorieux que Plutarque ne louë pas Témiſtocle d'un répantir ſi raizonable.

Ari-

Ariſtide favoriza toujours l'opinion qui donne toute l'autorité au Sénat, en quoi il eut toujouis à luter contre Témiſtocle qui tenoit pour le Gouvernemant populaire.

On en dévine la raiſon quand on fait atanſion, d'un coté à la ſupériorité de force du peuple, & de l'autre à ſa grande ignoranſe qui le randoit plus facile à| être ſéduit par l'éloquanſe.

Témiſtocle etoit ſouple, hardi, plein de ruzes & de fineſſes pour parvenir à ſes fins. Il s'y portoit avec une vivacité incroyable, ſans faire atanſion ni ſi le bût qu'il ſe propozoit etoit le plus loüable & le plus vertueux, ni ſi dans les moyens qu'il amployoit il y avoit quelque choze d'injuſte, auſſi etoit il un peu léger & inconſtant.

Ariſtide au contraire ne ſe propozoit jamais pour bût que quelque choze de loüable, ſans vouloir jamais ſe ſervir de moyens injuſtes; Auſſi etoit-il ferme & conſtant dans ſes rézolutions, inébranlable dans tout ce qui lui paroiſſoit juſte, & incapable d'uzer du moindre menſonge, du moindre déguizemant, ni de la moindre fraude ni flaterie, non pas même par manière de jeu. Il ne vouloit
ja-

jamais perfuader que la Raizon & par
la force de la Raizon même.

Témiftocle en gagnant des amis fe
fit un fort rampart & aquit une grande autorité. Auffi quelqu'un lui di-
fant un jour qu'il gouverneroit parfaitemant bien les Aténiens s'il etoit toujours équitable & qu'il ne panchât pas
plus pour l'un que pour l'autre : *A
Dieu ne plaize,* lui repondit il, *Que je
fois jamais affis fur un tribunal ou mes
amis n'aïent pas plus de crédit & de faveur auprez de moi que les etrangers ;*
Et c'eft ainfi qu'il fongeoit à intèreffer
fortemant fes amis, à augmanter fon
autorité & fa fortune.

Ariftide au contraire croïoit que la puis
fance ceffoit d'être loüable lorsqu'elle
ceffoit d'être jufte. Il ne vouloit point
dévoir fon crédit à fes amis injuftes, mais
feulemant à fes talans lors qu'ils etoient
anployez utilemant pour le publiq. Il
fezoit juftice à tout le monde & cro-
yoit que dans le gouvernemant le Ma-
giftrat le plus puiffant ne pouvoit faire
que juftice & jamais grace, parce qu'il
ne pouvoit faire de grace aux uns qu'-
aux dépans des autres, ce qui etoit une
injuftice.

Té-

Témiſtocle comme les hommes du commun vizoit à augmanter ſes révénus & ſon crédit pour ſa famille. Ariſtide vizoit plus haut : Il ne ſe ſoucioit pas d'aquérir de grans révenus pour ſa famille, & à l'égard de ſon crédit dans ſa Patrie, il n'en ſouhaitoit même l'augmantaſion que pour l'anploïer à la plus grande augmantaſion du bonheur de cette même Patrie.

Un jour ayant fait un projet pour le propozer au peuple, il trouva dans le conſeil un peu d'opozition, mais il ne laiſſoit pas de voir que ſon projet aloit être approuvé à la pluralité des voix de la multitude ; Ainſi ſur le point que le Prézidant de l'aſſamblée alloit demander le conſantemant du peuple, comme Ariſtide avoit aperſu que l'opinion contraire à la ſienne etoit appuyée de meilleures raizons qu'il n'avoit cru, il ſe leva & déclara hautemant qu'il renonſoit à ſon projet, parce qu'il commanſoit à voir qu'il ſeroit moins utile que préjudiciable à la République, il en aporta les raizons, & ſon dernier avis fut ſuivi.

Souvant, pour faire aprouver ſes projets, il les fezoit propozer par tierces perfonnes aux quelles il en fezoit honneur, parce qu'il favoit que Témiftocle par jalouzie s'y opozeroit, s'il pouvoit croire qu'il en fut l'Auteur.

Mais ce qu'on trouvoit d'admirable en lui, c'etoit fa conftance, fon égalité & fa fermeté dans les faveurs & dans les difgraces inprévuës qui arrivent à ceux qui fe mèlent du gouvernemant, car jamais il ne s'élévoit pour quelques honneurs qu'on lui randit, ni ne s'abaiffoit pour quelques mépris & quelques réfus qu'il éprouvât.

Il confervoit par tout fa tranquilité & fa douceur ordinaire, perfuadé que celui qui vize au mérite nafional le plus précieux doit fe livrer à fa Patrie en bon citoyen & la fervir gratuitemant, lors même qu'elle n'a que de l'ingratitude pour les fervices pasfez, ou du mépris pour les fervices futurs.

De là vint que le jour qu'on joüa la pièce d'Echile intitulée: *Les fept chefs contre Thébes*, lors que l'acteur récitoit ces vers que le poëte a faits à la loüange d'Amphiaraüs: *Il ne fe foucie pas de paroitre homme de bien, mais il veut l'être véritablemant*, tout le monde en même tems jetta les yeux fur Ariftide comme me sur celui de l'asſamblée à qui cette grande loüange convenoit le plus ; Or quel momant de joye pour celui qui aime la véritable gloire & qui ne cherche de diſtinxion que celle que donne la vertu bienfaizante.

Non ſeulemant il avoit la force de réſiſter à l'amitié lors qu'elle parloit en faveur de l'injuſtice, mais ce qui eſt ancore plus dificile, il réziſtoit par Eſprit de juſtice aux ſantimant de vanjeance, & à ce propos on raconte qu'un jour, pourſuivant un de ſes ennemis en juſtice, aprez qu'il eut déduit & prouvé tous les chefs d'accuzaſion contre lui, comme il vit que les juges vouloient réfuzer d'antandre l'accuzé, & qu'ils alloient le condamner tout d'une voix ſans l'avoir antandu, il ſe leva de ſa place & alla avec lui ſe jetter aux pieds des juges pour les ſuplier de l'antandre dans ſes juſtifications, & de ne pas le priver du privilége que lui accordoit la Loi qui veut que tout accuzé ſoit antandu pour ſa juſtification.

Un autre jour prézidant au jugemant de la cauze de deux particuliers, l'un des deux ayant commanſé par

dire

dire que ſa partie adverſe avoit fait dans ſa vie bien des injuſtices, & à Ariſtide lui même : *hé mon ami* lui dit Ariſtide en l'interrompant, *dis ſeulemant les injuſtices qu'il t'a faites ; Car c'eſt ton affaire que je vais juger & non pas la mienne.*

Il ne fut pas plutôt élu Trézorier général de la République qu'il fit voir que les Trézoriers qui avoient eté de ſon tems, & ancore ceux qui les avoient précédé, avoient pillé de groſſes ſommes. Il déſigna même, ſans le nommer, Témiſtocle qui etoit à la verité homme prudant & habile, mais qui n'avoit pas beaucoup d'Empire ſur ſes mains ; C'eſt pourquoi lors qu'Ariſtide voulut randre ſes comptes, Témiſtocle fit une groſſe brigue contre lui, le chargea d'avoir volé les déniers publiqs, & parvint même par ſon crédit à le faire condamner à une amande ; Mais les principaux de la ville & les plus gens de bien qui s'etoient éclerſis des faits, s'etant élévéz contre un jugemant ſi inique, firent révoir l'affaire, & non ſeulemant l'amande lui fut rémiſe, mais on le nomma ancore Trézorier Général pour l'année ſuivante.

Alors

Alors il fit famblant de fe répentir de fa première adminiftrafion & de vouloir fe corriger. Il fut donq plus traitable, moins dificile, plus indulgent envers fes intérieurs, & trouva ainfi le fecrèt de plaire à tous les comptables qui pilloïent chacun de leur coté les déniers de la République; Il ne les réprenoit point & n'épluchoit point exactemant leurs comptes, de forte que tous ces pillards gorgez de biens combloient de loüanges Ariftide. Ils fezoient eux mêmes des brigues auprez du peuple & s'ampreffoient pour le faire continuer une troizième année dans la même charge.

Le jour de l'Elexion du Trézorier étant venu, comme on alloit le nommer par tous les fufrajes, Ariftide fe levant parla hardimant aux Aténiens & leur dit: Quand j'ai adminiftré vos finances avec toute la fidélité & toute la vigilance d'un homme de bien, j'ai eté blamé, traité comme un infame & condamné à l'amande: Aujourdui que j'ai abandonné les révenus de l'Etat à tous ces voleurs publiqs qui me donnent des loüanges, je fuis un homme admirable, *Et le meilleur des citoyens.*

Je vous déclare donq que j'ai plus de bonte de l'honneur que vous me faites aujourdui, que je n'en eus l'année de la condamnaſion que vous prononcates contre moi. Je ſuis indigné de voir qu'aupres de vous il eſt plus glorieux de plaire aux fripons, que de ménager & de conſerver les biens de la République, & ſon diſcours fut aprouvé de tous les gens de bien.

En ce tems là Datis anvoyé par le Roi de Perſe pour conquérir la Grèce, arriva ſur les côtes de Marathon avec toute ſon armée navale, & commanſa à piller & à ravager tout le peys. Les Aténiens élurent dix Généraux. Le premier en autorité & en dignité ce fut Miltiade, & Ariſtide fut le ſegond aprez lui.

Dans le Conſeil de Guerre qui fut tenu, Miltiade fut d'avis de donner la bataille aux Perſes, & Ariſtide s'etant rangé à ſon ſantimant ne contribua pas peu à faire prandre le parti de combattre, & comme les dix Généraux devoient commander l'armée tour à tour, chacun leur jour, quand le tour d'Ariſtide vint, il remit le commandemant à Miltiade, montrant par là aux
au-

autres Généraux, que d'obéïr & de se
soumettre aux ordres des plus sajes, ce
n'est nulemant une choze honteuze,
mais que c'est au contraire une choze trèz utile à la République & par-
conséquant une conduite trèz honorable.

Ainsi ayant adouci par son example la jalouzie qui pouvoit cauzer entre eux de grans débats, il les persua-
da qu'ils devoient se trouver hureux
d'obéïr à celui qui avoit plus d'expériance. Il fortifia ainsi extrémemant le crédit & l'autorité de Miltiade qui devint maitre absolu de l'armée, dont le commandemant ne fut
plus partagé. Les autres Généraux
ne se soucierent plus de commander
leur jour, & voulurent être antièremant
à ses ordres.

Dans le combat le Corps de Bataille
des Aténiens etant fort pressé & sou-
frant beaucoup, parce que les Perses
firent là pandant long tems leurs plus
grans eforts contre la Tribu Leontide
& la Tribu Antiochide, Témistocle &
Aristide à la tête de ces deux Tribus
combatirent à l'envi avec tant de valeur
& de succez qu'ils rompirent les en-

 ne-

nemïs & les pousserent jusques à leurs vaisseaux.

Aristide laissé seul à Marathon avec la Tribu pour garder les prisoniers & le butin, ne trompa pas la bonne opinion qu'on avoit de lui : Car l'or & l'argent etant semé ça & là dans le camp, & toutes les tantes & toutes les galères qu'on avoit prizes etant plènes de meubles magnifiques & de richesses sans nombre, non seulemant il ne fut pas tanté d'y toucher, mais ampècha que les autres n'y touchassent.

Aprèz l'année de la bataille de Marathon, Aristide fut élu premier Archonte qui donne le nom de l'année aux Actes publiqs. Cette élection etoit fondée sur sa reputasion de vertu ; Mais de toutes ses vertus la plus connuë, & celle qui se fit le plus santir à tout le monde, c'est la justice, parce que c'est la vertu dont l'uzage est le plus continuel dans un Magistrat, & dont les fruits se répandent sur plus de monde.

De là vint que, quoi que pauvre & du simple peuple, il ramporta le surnom de *juste*, surnom *trèz Royal & trèz divin*, dit Plutarque, mais que jusqu'ici

au-

aucun des Rois ni des Tirans n'a am-
biſioné : *Ils ont bien mieux aimé être
appellez preneurs de villes, foudres de guerre & victorieux : Quelques uns mémes
ont pris plaizir à ſe voir donner les noms
d'aigle & de vautour*, préférant ainſi le
vain honneur de ces titres, qui ne marquent que la ſupériorité de puiſſance, à
la ſolide gloire des titres qui randent
témoignage de la ſupériorité de vertu,
c'eſt à dire, du bon uzaje de la puiſſance par l'obſervaſion de la juſtice & par
la pratique de la bienfaizance, qui ſont
cepandant les principaux atributs de
l'Etre infinimant parfait.

Les hommes du commun eſtiment
plus la ſupériorité de puiſſance que la
ſupériorité de vertu ; Mais Ariſtide,
eſprit ſupérieur, panſoit tout différem-
mant ; C'eſt que la vertu eſt le ſeul de
nos biens qui dépande de nous, qui
ſoit en notre puiſſance, & qui mérite
des loüanges. Ils ne prenent pas garde que la vie, même des plus puiſſans,
deſtituée de la juſtice & de la bienfaizance, *au lieu d'être eſtimable & celeſte
n'eſt jamais que terreſtre & beſtiale*, ce
ſont les termes de Plutarque qu'on ne
peut pas voir ſans leur randre l'ho-

ma-

mage dû à la Rézon univerzèle qu'il connoiſſoit mieux qu'aucun des Anciens.

Pour révenir à Ariſtide, ce ſurnom de juſte le fit d'abord aimer & reſpecter : Mais anfin ce titre ſi glorieux lui attira l'anvie des plus ambiſieux, ſur tout par les menées de Témiſtocle qui alloit diſant parmi le peuple, qu'Ariſtide avoit ce ſamble, aboli tous les Tribunaux en jugeant tout par lui même, & qu'en ſe randant lui ſeul arbitre de tous les diférans, il s'étoit ainſi formé inſanſiblemant & ſans qu'on s'en aperçut, une Monarchie ſans pompe & ſans gardes au milieu de la République.

Or le peuple naturellemant fier, enorgueilli ancore par la victoire de Marathon, ſe croïant ſeul digne des plus grans honneurs, vouloit que tout dépandit de ſon autorité, & ſe trouvoit choqué du grand credit de ceux qui aquéroient un nom illuſtre, & une réputaſion fort diſtinguée; C'eſt pourquoi s'etant aſſamblé de tous les bourgs de l'Attique dans la ville, les Tribus bannirent Ariſtide du ban de l'Oſtraciſme.

Il eft vrai qu'aprez qu'on eut fait tomber ce ban fur des hommes de néant & chargez de crimes, & qu'on eut anfin banni de cette manière l'infame Hyperbolus, cette indignité fit ouvrir les yeux aux Aténiens & ils renoncerent quelques années aprez à bannir perfonne d'un ban fi honorable.

Voici la cauze & le fujet du ban de l'Oftracifme d'Hyperbolus. Alcibiade & Nicias, les deux citoyens qui avoient le plus de pouvoir & d'autorité dans la ville, etoient opozez l'un à l'autre & fe faizoient par leurs contradixions perpétuelles une guerre ouverte ; fur quoi l'un & l'autre voyant que le peuple alloit récourir au ban de l'Oftracifme pour mettre la paix entre eux, & ne doutant point que cela ne regardât l'un d'eux, ils s'aboucherent, réunirent leurs partis & firent par leurs brigues que l'Oftracifme tombât fur Hyperbolus, homme méprizable & fort méprizé.

Bientôt aprez le même peuple, indigné de ce qu'on avoit ainfi ravalé, flétri & deshonoré une forte de ban fi glorieux, en abolit antièremant la coutume & y renonfa pour toujours.

Pour

Pour donner une idée de l'Ostracisme, voici ce que c'étoit. Chaque
citoyen prenoit un morceau de pot
cassé, & aprez y avoir ecrit le nom de
celui qu'il vouloit bannir, il le portoit
dans un certain lieu de l'assamblée qui
etoit découvert mais fermé en rond
d'une cloizon de bois.

Les Magistrats commansoient d'a-
bord par compter le nombre des tets
ou morceaux ; Car s'il y en avoit
moins de six mille, l'Ostracisme etoit
nul, mais le nombre de six mille étant
complet, on mettoit à part tous les
tets qui avoient le même nom, & le
nom qui l'emportoit par le nombre des
tets etoit celui contre le quel on pro-
nonçoit le ban pour dix années, en lais-
sant au banni la joüissance de ses
biens.

Dans cette occazion ou Aristide fut
banni, comme chacun etoit occupé à
ecrire le nom de celui qu'il vouloit bannir, on dit qu'il y eut un habitant d'un
bourg voizin d'Aténes, homme grossier,
qui ne sachant ni lire, ni ecrire, s'a-
dressa à Aristide qu'il prit pour un
homme du peuple, le pria d'écrire le
nom d'Aristide sur le test qu'il lui pré-
santa :

ſanta: Ariſtide admirant cette avantu‑
re, lui demanda s'il avoit reçu quelque
déplaizir d'Ariſtide: *Aucun*, lui dit le
manan, *Je ne connois pas même cet hom‑
me, mais je ſuis fatigué & bleſſé de l'an‑
tandre par tout appeler le juſte.*

Ariſtide ſans répondre une ſeule pa‑
role prit tranquilemant le tèt, y ecri‑
vit ſon nom & le lui randit.

Quand il ſortit de la ville pour ram‑
plir ſon ban, il leva les mains au ciel
& fit aux dieux une priere toute con‑
traire à celle d'Achile dans Homére.
Il pria que jamais il n'arrivât aux Até‑
niens aucun tems ou le peuple fut for‑
cé par la néceſſité de ſe ſouvenir d'A‑
riſtide; Mais trois ans aprez il fut ra‑
pelé avec les autres bannis.

Sa conduite fut toujours une preu‑
ve inconteſtable de ſon caractère ver‑
tueux. Etant à Egine & voyant que
les vaiſſeaux des ennemis etoient venus
la nuit ſe ſaizir des paſſages, & faire
comme une enceinte autour des Iles,
ſans que perſonne s'aperçut que l'ar‑
mée navale des Grecs etoit anvélopée,
ayant même apris qu'Euribiade Géné‑
raliſſime des Grèqs, avoit rézolu de
quitter Salamine, il vint la nuit même
d'E‑

d'Egine & traverſa avec un trèz grand
danger toute la flote des ennemis pour
parler à Témiſtocle qui commandoit
les vaiſſeaux des Atèniens.

Arrivé à la porte de Témiſtocle il
l'apèla, le pria de ſortir tout ſeul &
lui dit en le ſalüant; ” Si nous ſom-
„ mes ſajes, Témiſtocle, nous renon-
„ cerons dèzormais tous deux à cette
„ vaine & puérile diſſenſion qui nous
„ a agitez juſqu'ici , & nous nous
„ jetterons dans une émulaſion plus
„ honorable & plus ſalutaire en com-
„ batant & en faizant à qui mieux
„ mieux pour ſauver la Grèce; Vous
„ en commandant & en faizant le de-
„ voir d'un ſaje Capitaine, & moi en
„ vous obéiſſant & en vous aidant de
„ ma perſonne & de mes conſeils.

„ J'aprans, continua t'il, que vous
„ êtes le ſeul qui avez ambraſſé le bon
„ parti en conſeillant de ne combat-
„ tre que dans ces détroits, & de com-
„ battre ſans diférer davantage. Je
„ ſai que les autres Grèqs nos alliez
„ ſe ſont opozez à cet avis, mais voila
„ les ennemis qui vous aident à faire
„ ſuivre votre avis & qui le fortifient
„ en s'aprochant de nous; Car leurs
„ vais-

„ vaisseaux couvrent & ferment la mer
„ tout autour de vous, devant & der-
„ rière, de sorte que ceux mêmes qui
„ ne vouloient pas la bataille seront
„ forcez de combattre & de se mon-
„ trer gens de bien; Car il n'y a plus
„ de chemin ouvert à la fuite.

Témistocle lui répondit; „ Je suis
„ faché, Aristide, que vous ayez sur
„ moi l'avantage de m'avoir prévénu
„ par un si généreux dessein & par une
„ axion si loüable. Il n'est point d'ef-
„ fort que je ne fasse pour surpasser
„ un commansemant d'union qui vous
„ est si honorable, & pour efacer, si
„ je puis, une démarche si noble, si
„ généreuze par des axions dignes de
„ vos loüanges.

En meme tems, aprèz lui avoir fait
confidanse de la ruze qu'il avoit ima-
ginée pour tromper Xerxes, il exhorta Aristide d'aller sur le champ persua-
der Euribiade d'antrer lui même dans
leur avis, & de donner le combat en
lui faizant voir qu'il n'y avoit d'autre
salut pour eux que de combattre par
mer dans les détroits de Salamine; Car
Euribiade avoit bien plus de penchant

à suivre les consels d'Aristide que ceux de Témistocle.

Aussi dans le Conseil de Guerre qui fut tenu & ou assisterent tout les Officiers Généraux, Cléocrite le Corintien dit tout haut à Témistocle: *Aparanmant que votre avis ne plait pas à Aristide, puisque le voila & qu'il ne dit mot;* Mais Aristide qui l'antandit, lui répondit: *Tu te trompe Cléocrite. Je me serois élévé contre l'avis de Témistocle, s'il n'avoit dit tout ce qu'il y a de meilleur à faire; Ainsi mon silance n'a marqué autre choze que mon consantemant & l'aprobasion parfaite que je donne à son avis.*

Ce jour là même Aristide, voyant la petite Ile de Psitalée vis à vis de Salamine dans le détroit toute pleine de troupes ennemies, fit ambarquer promtemant dans des esquifs les plus aguéris & les plus déterminez des Atèniens, descendit à Psitalée, tomba brusquemant sur les Perses & les tailla en pieces, hors les principaux qui furent faits prizoniers.

De ce nombre furent trois freres fils de la Sœur du Roi de Perse apelée

Sandaucé. Ariſtide les anvoïa ſur l'heure
à Témiſtocle & on dit que ſelon l'ordre qu'en donna par un Oracle le dévin Euphrantidès, ils furent immolez
à Bacchus ſurnommé Omeſtès. Tels
etoient les effets naturels d'une Religion qui etoit ſi ſouvant fort eloignée
de la Rézon Univerſelle.

Aprèz cet hureux commanſemant,
Ariſtide garnit cette Ile de bons Soldats bien retranchez, afin que ſelon les
divers evenemans du combat naval, ils
ſauvaſſent les alliez & qu'ils fiſſent main
baſſe ſur les ennemis qui y abordero-
ient. Car le plus grand choc & les
principaux efforts du combat naval ſe
firent autour de Pſitalée comme il l'a-
voit prévû ; Auſſi fut ce dans cette
Ile qu'on erigea le trophée de la victoire.

Le combat fini, Témiſtocle, pour
ſonder Ariſtide, lui parla en ces termes : Nous venons d'exécuter un grand
exploit, mais le plus fort & le plus inportant reſte ancore à faire ; C'eſt de
prandre l'Azie antière dans l'Europe, en
menant *promtemant la flote vers l'Hel-*
leſpont pour rompre le pont de bateaux
que Xerxes y a laiſſé, tant pour ſa ré-

traite que pour récevoir des vivres &
des récrues.

A ces mots Ariſtide jettant un grand cri : Ha quel pernicieux projet, dit il à Témiſtocle, & lui fit anſuite comprandre qu'il falloit plutôt chercher & prandre toutes les mezures poſſibles pour faire ſortir trez promtemant les Perſes hors la Grèce par ce même pont, de peur que s'y voyant anfermez avec des troupes ſi nombreuzes, & ne trouvant point de voye ouverte pour s'anfuir, ni de vivres pour ſubſiſter long tems, le dèzeſpoir ne reveillât leur courage & ne les portât à combattre par terre avec la dernière opiniatreté.

Ainſi Témiſtocle changeant d'avis fit partir divers eſpions vers Xerxes, & ſe ſervit en cette occazion de l'Eunuque Anarcez qu'il chargea d'aller dire en ſecrèt au Roi, que Témiſtocle fezoit tous les efforts pour détourner les Grèqs d'exécuter la rezoluſion qu'ils avoient prize de mener leur flote vers l'Helleſpont.

La ruze réüſſit : Xerxes vit le danger, fit répaſſer la plus grande partie de ſon armée en Azie, rompit ſon pont &

& ſe retire avec toute ſa flote. Mardonius fut laiſſé en Grèce avec partie de l'armée de terre qui reſtoit compozée de trois cens mille hommes de ſes meilleures troupes.

Ces grandes forces le randoient ancore trèz rédoutable. Il intimidoit ancore les Grèqs par ſes menaces & par les lettres hautaines qu'il leur ecrivoit. Vous avez vaincu, leur mandoit il, ſur mer des hommes qui ne ſavent combattre que ſur terre, & qui ſont trèz mal adroits à manier la rame ; mais la Theſſalie & la Beötie nous ofrent de belles plaines pour faire combattre des eſcadrons & des bataillons.

Il ecrivit auſſi aux Aténiens des lettres particulieres ou il leur fezoit des propozitions d'accomodemant de la part du Roi, qui leur promettoit de rétablir & d'embèlir leur Ville, de leur donner quantité d'or & d'argent, & de les randre Seigneurs & maitres de toute la Grèce s'ils vouloient abandonner leurs alliez.

Les Lacédémoniens ayant eu le vent de ces propozitions, & craignant que les Aténiens ne les acceptaſſent, anvoyerent des Ambaſſadeurs à Atenes pour

 prier

prier les Aténiens de mettre leurs femmes & leurs anfans en sureté à Sparte & de recevoir d'eux tout ce qui etoit necessaire pour la nouriture de leurs vieillards ; Car le peuple ayant abandonné Atènes & tout son peïs, se trouvoit, malgré la victoire navale, dans une nécessite trèz pressante.

Les Atèniens, aprèz avoir antandu ces Ambassadeurs, firent par l'avis d'Aristide une réponse qu'on ne peut assez admirer : Qu'ils pardonneroient à leurs ennemis s'ils avoient pansé que tout etoit vénal & à prix d'or & d'argent à Atènes ; Car les barbares ne connoissoient rien de plus estimable & de plus précieux que les richesses ; Mais qu'ils etoient trèz fâchez contre les Lacédémoniens de ce qu'ils ne jettoient les yeux que sur la pauvreté & sur la dizète extrème ou Atènes se trouvoit réduite, & qu'ils avoient oublié la vertu & la magnanimité des Atèniens, puis qu'ils pansoient que l'ofre de leurs vivres seroit le grand motif qui les retiendroit dans la ligue, & les obligeroit à combattre toujours pour le salut des Grècs.

Ari-

Ariſtide aïant ecrit cette réponſe & ayant ordonné qu'on fit antrer dans le conſeil les Ambaſſadeurs du Roi de Perſe & ceux de Sparte, il commanda qu'on dit aux Lacédémoniens; Qu'il n'y avoit pas aſſez d'or, ni ſur la terre, ni dans ſes antrailles, pour obliger les Atèniens à préférer les richeſſes à la liberté de la Grèce, & ordonna qu'on répondit à ceux de Mardonius, en leur montrant le Soleil, que tant que cet aſtre continueroit ſon cours autour du monde, les Atèniens feroient la guerre aux Perſes pour vanjer leurs terres pillées, ſaccagées & leurs tamples profanez & brulez.

De plus il ordonna que les Prêtres maudisſent & excomuniasſent quiconque ozeroit propozer de faire alliance avec les Mèdes ou les Perſes, & d'abandonner l'alianſe des Grècs.

Quand Mardonius fut antré une ſegonde fois dans l'Attique, les Atèniens ſe retirérent ancore dans l'Ile de Salamine, & alors Ariſtide anvoyé Ambasſadeur à Sparte ſe plaignit de la lanteur & de la négligence des Lacédémoniens, leur reprocha qu'ils

aban-

abandonnoient ancore Atènes aux barbares, & les exhorta à marcher promtemant aux fecours des Atèniens.

Les Ephores ayant antandu fon discours fe randirent effectivemant à fes
raizons, mais pour le tromper ils n'en
parurent pas fort touchez, car fans lui
repondre qu'en termes généraux, ils
pasferent tout le jour en feftins & en
réjoüisfances, parce qu'il fe rancontra
que ce jour là etoit la fête d'Hyacin-
te; mais la nuit ils choizirent cinq
mille Spartiates, & leur ayant fait
prandre à chacun fept ilotes, ils les
firent partir fécrètemant à l'infçu des
Ambasfadeurs d'Atènes.

Deux jours aprèz Ariftide s'etant
ancore plaint au confeil de la lanteur de Lacédémone, les Ephores lui
dirent en riant, qu'il falloit qu'il rè-
vàt ou qu'il dormit, & que déja leur
armée etoit arrivée à la ville d'Oreftie
marchant contre les Perfes. Il apprit
anfuite avec plézir commant ils l'avo-
jent trompé.

De retour à Atènes il fut élu Capitaine Général des Atèniens pour la bataille que l'on devoit donner à Mardonius, & ayant pris huit mille hommes

de pied il marcha à Platées. Là se
randit Pausanias Lacédémonien Général en chef de toute l'armee Grèque
menant avec lui ses Spartiates.

Les autres rroupes Grèques arrivo-
ient de jour en jour comme à la file;
L'armée des Perses etoit le long du
fleuve Azope; Mais à cauze de la grande etandue du païs qu'elle occupoit,
elle ne s'etoit point rétranchée, elle
avoit seulemant anfermé de murailles
au milieu de son camp un espace en
quarré pour les bagages & le trézor,
chaque coté de murailles etoit de dix
stades ou douze cens toizes.

Il y avoit dans l'armée Gréque un
Dévin d'Elée nommé Fizamone. Il
prédit à Pauzanias & à tous les Grècs
qu'ils ramporteroient suremant la victoire, pourvû qu'ils n'attaquassent
point, & qu'ils ne fissent que se défandre.   Aristide de son coté aïant anvoyé à Delphes consulter l'Oracle. La
Prètresse d'Apollon lui répondit: Que
les Grecs ramporteroient l'avantage
sur leurs ennemis ,, pourvû qu'ils fis-
,, sent des prières à Jupirer & à Junon
,, Patrone du mont Citheron, à Pan,
,, & aux Nimphes Sphragitides; qu'ils
Q 4   ,, fa-

,, sacrifiassent aux Héros Androcra-
,, tes, Leneon, Pisandre, Damocra-
,, tes, Hypsion, Acteon & Poluide,
,, & qu'ils ne hazardassent la bataille
,, que dans leur propre peïs précizé-
,, mant dans le champ de Cérez Eleu-
,, zinienne & de Prozerpine.

Cet oracle raporté à Aristide le jetta dans une grande perplexité; Car d'un coté les Héros aux quels il ordonoit d'ofrir des sacrifices etoient les ancètres des Platéens, & l'antre des Nimphes Sphragitides etoit sur une des croupes du Cithéron, & d'un autre coté, ne promettre la victoire aux Aténiens qu'à condision qu'ils ne donneroient le combat que dans leur propre peïs, c'etoit rapeler & faire repasser tout l'effort de la guerre dans l'Attique, ce qui sambloit se contredire.

On voit à regret dans Aristide un homme si grand du coté de la vertu, & si petit en même tems du coté des lumières; Il se trouve comme une femme ignorante & crédule arrèté tout court dans un momant si inportant par de petites fourberies de Prètres & de Prètresses qui randoient les Oracles eux mêmes sous le nom des
Dieux;

Dieux; Mais on n'en eft que peu e-
tonné quand on fonge que c'eft l'efet
naturel d'une maxime fage, qui eft, que
chaque anfant doit anprunter toutes fes
opinions de fes parans & des perfonnes
les plus fajes par provizion, jusqu'à ce
qu'ils puiffent un jour en examiner eux
mêmes la vérité.   Ce grand homme,
qui n'avoit pas examiné les fondemans
de fa Religion dépuis fon anfance, etoit
refté anfant de ce coté là, & voila la
première cauze de fon ambaras.

Sur ces antrefaites le Capitaine Général des Platéens apelé Arimnefte eut
la nuit un fonje.   Il lui fambla que Jupiter fauveur lui etant aparu lui demanda, quelle etoit la rézolufion que
les Grecs avoient prife? Qu'il lui répondit: Seigneur dez demain nous dé-
camperons & raménerons l'armée à
Eleuzine, & là nous livrerons bataille
aux barbares felon l'Oracle qu'Apollon nous a randu, & qu'alors le Dieu
lui répartit: Qu'ils fe trompoient tota-
lemant, que le lieu dont l'Oracle parloit etoit là même aux anvirons de Platées, & qu'ils le trouveroient s'ils le
cherchoient bien.

Q f

Arim-

Arimneſte ayant eu cette vizion & une réponſe ſi claire, ne fut pas plutôt éveillé qu'il manda les plus ſajes & les plus expérimantez de l'armée pour conférer de cette vizion & en cherchant avec eux, ils trouverent que prèz de la ville de Huzies, au pied du mont Cithéron, il y avoit un vieux temple apèlé le Tanple de Cérez Eleuzinienne & de Proſerpine. Ravi de cette découverte il en avertit Ariſtide & le mena ſur le lieu qu'ils trouverent trez comode pour y ranger en bataille une armée de gens de pied qui manqueroit de cavalerie, parce que le pied du Cithéron s'etandant juſqu'auprez de ce Temple, ampèchoit les gens de cheval d'en aprocher.

D'ailleurs dans ce lieu là même etoit la chapelle du Héros Androcrate toute couverte de buiſſons & d'arbres fort épais, & afin qu'il ne manquât rien à l'Oracle pour bien aſſurer l'éſpérance de la victoire, les Platéens, ſur l'avis d'Arimneſte, firent un decret par le quel ils ordonnerent, que les bornes qui ſéparoient l'Attique de leur territoire ſeroient otées, & donnerent aux Aténiens tout ce coté de territoire en propriépriété, afin que felon les termes de l'Oracle randu à Ariftide ils puffent donner la bataille dans leur propre peïs.

Cette générozité des Platéens fut fi aplaudie & fi célèbre, que cent cinquante ans aprez Alexandre vainqueur de l'Azie, aïant fait réléver les murailles de Platées, fit publier par un Heraut dans l'affamblée des jeux Olimpiques, qu'il redonnoit cette Ville en fouveraineté à fes habitans, à cauze de la vertu & de la générozité dont leurs Ancêtres avoïent donné de fi grandes marques, lorfque dans la guerre des Médes, ils avoient fait prézant de leurs terres aux Aténiens pour le falut de la Grèce.

Quand il fut queftion de mettre l'armée en bataille & d'affigner aux troupes leurs poftes, il s'émeut un grand diférant antre les Tegeates & les Aténiens, les Tegeates prétandoient que, comme les Lacédémoniens dans toutes les batailles commandoient toujours l'aile droite de l'armée, l'honneur de commander la gauche leur etoit dû, & pour faire voir qu'ils méritoient feuls ce pofte, ils alléguoieut les grandes

axions

axions de leurs ancêtres & les grans
ſervices qu'lls avoient randus.

Comme quelques troupes des Aténiens s'amportoient ſur cela & etoient
prêts à ſe mutiner, Ariſtide ſurvenant
leur dit hardimant : Ce n'eſt pas le
tems de conteſter aux Tegeates ces
proüeſſes & ces ſervices dont ils ſe
vantent ſi fort, nous nous contantons
donq, Seigneurs Spartiates, de vous
dire & à vous & à tous les autres Grecs,
que ce n'eſt pas le poſte qui ote ou qui
donne le courage : Par tout ou il vous
plaira nous placer nous y ferons notre
devoir en conſervant ce poſte, & en le
randant le plus honorable, nous ta-
cherons de ne pas ternir la gloire de
nos premiers combats : Nous ſommes
venus ici, non pour diſputer contre nos
Aliez, mais pour combattre nos ennemis communs, non pour vanter nos
Peres, mais pour les imiter en nous
montrant gens de bien à toute la Grèce. Cette journée va faire voir de
quoi chacun eſt digne, tant les oficiers
que les ſoldats. Aprez ce diſcours tous
les capitaines & tous ceux qui etoient
du Conſeil jugerent en faveur des Aténiens, leur donnerent le commande-

mant

mant de l'aile gauche, malgré la prétanſion des Tegeates.

Pandant que tout le monde etoit
dans l'attante de l'evenemant, les Aténiens en particulier ſe trouvoient dans
une conjonĉture trez dificile & trez
dangereuze; Car pluſieurs citoiens des
maiſons les plus nobles & les plus riches d'Aténes voïant que la guerre les
avoit ruinez, & qu'en perdant leurs
biens ils avoient perdu tout crédit,
toute autorité, toute conſidération,
toute leur dignité dans la République,
& que d'autres moins nobles etoient
mis en leur place & joüiſſoient des
honneurs qu'ils avoient perdus, s'aſſam-
blerent ſécrètemant dans une maiſon à
Platée, & là ils conſpirerent de ruiner
le Gouvernemant populaire, & ſi ce
projet ne pouvoit réuſſir, de livrer la
Grèce aux Perſes.

Ce complot ſe fezoit au milieu du
camp & quantité de gens etoient déja
corrompus & gagnez. Ariſtide en
etant averti fût dans une extrême a-
larme à cauze des circonſtances, & trèz
incertain du parti qu'il devoit prandre. Anfin il prit ce ſaje tanpéramant
de ne point négliger une affaire ſi im-
por-

portante, mais de ne pas trop l'aprofondir. Car comme on ignoroit le
nombre de ceux qui pouvoient avoir
trampé dans cette conjuration, il trouva qu'il etoit à propos de sacrifier en
quelque façon la justice à l'utilité, en
ne poursuivant pas tous les coupables.

De tout le grand nombre qu'il y en
avoit, il se contanta d'en faire arrêter
huit; il ne fit informer que contre deux
seuls, parce qu'ils etoient plus chargez,
Eschine & Agesias, qui se sauverent du
Camp pendant qu'on feloit leur procès;
pour les autres, il les relacha & leur donna le moyen de se rassurer & de se répan-
·tir, dans la pansée qu'on n'avoit rien
trouvé contre eux. Il leur fit antandre
que la bataille feroit le tribunal ou ils
pouvoient se justifier, & faire voir qu'ils
n'avoient jamais suivi que des conseils
justes & utiles à la Patrie; C'est ainsi
que par sa modération il fit evanoüir
cette dangéreuze conspiration.

Mardonius cependant pour tâter les
Grecs anvoya escarmoucher contre
eux partie de sa Cavalerie. Les Grecs
etoient campez au pied du mont Cithéron dans des lieux forts & pierreux ;
Mais les Megariens au nombre de trois
mille

mille avoient leur camp dans la plaine; c'est pourquoi ils eurent beaucoup à soufrir de la Cavalerie ennemie qui les antamoit de tous cotez, de sorte qu'aprez avoir soutenu long tems les attaques des Perses, ils anvoyerent à Pausanias luï demander du secours.

Pausanias ne savoit à quoi se determiner; Car il voyoit bien qu'il n'y avoit aucun moyen de faire marcher contre cette Cavalerie la falange pezamant armée des Spartiates. Il exposa donq aux Généraux le bezoin que les Megariens avoient d'être secourus, pour voir s'il n'y auroit personne qui s'ofrit volontairemant d'aller combattre contre cette Cavalerie : Comme personne ne répondoit, Aristide ofrit ses Aténiens & en même tems donna ses ordres à Olimpiodore, le plus vaillant des chefs de ses troupes, qui commandoit une compagnie de trois cens hommes & quelques gens de traits mêlez parmi ces braves soldats. Tout furent prets en un momant & marcherent à grans pas contre les Perses.

Masistius Général de cette Cavalerie ennemie, homme qui se faisoit remarquer sur tous les autres par sa

gran-

grande force, par sa taille avantageuze & par sa bonne mine, les voïant venir à lui en bon ordre, tourna bride & poussa contre eux.

Les Aténiens l'attandirent de pied ferme. Il y eut là un choc fort rude. Il sambloit que les deux armées en s'arrêtant cherchoient à juger de l'issuë de la bataille par le succèz de ce petit combat. La rézistance fut long tems égale de part & d'autre; Mais anfin le cheval de Mazistius ayant reçu un coup de javeline au travers du corps jetta son maitre par terre. Mazistius tombé ne pouvoit ni se rèléver à cauze de la pezanteur de ses armes, ni être tué par les Aténiens qui etoient accourus sur lui, parce qu'il avoit non seulemant le corps & la tête, mais ancore les jambes & les bras couverts de lames d'or, d'airain & de fer: Mais la vizière de son casque ayant laissé voir cette partie de vizage découverte, un Aténien lui anfonsa le derrière de sa pique dans l'œil, & le tua. La Cavalerie des Perses abandonna alors le corps de leur Général, & tous prirent la fuite.

On

On connut la grandeur de cet avantage par le grand deuil qu'en firent paroître les Perſes, qui eurent tant de douleur de la mort de Maziſtius qu'ils couperent leurs chevéux & les crins de leurs chevaux & de leurs mulets & ramplirent tout leur camp de cris, de gémiſſemans & de larmes comme ayant perdu le premier homme de leur armée en courage & en autorité aprez Mardonius.

Aprez ce petit combat les deux armées furent quelque tems ſans en venir aux mains, car les Devins ſur les antrailles des victimes leur prédiſoient, égalemant aux uns & aux autres, la victoire s'ils ne faizoient que ſe défandre, au lieu qu'ils les menaçoient égalemant d'une défaite antière s'ils attaquoient.

Mais anfin Mardonius, voïant qu'il ne lui reſtoit plus de vivres que pour peu de jours, & que les Grecs ſe fortifioient de plus en plus par de nouvelles troupes qui leur arivoient journellemant, rézolut de ne plus atandre & de paſſer le fleuve Aſope le lendemain à la pointe du jour pour tomber ſur les Grecs qu'il eſpéroit ſur-

prandre. Pour cet effet, dez que la nuit
fut venuë, il donna l'ordre à tous ſes
capitaines pour la bataille du landemain.

Cette nuit même un homme à cheval s'aproche ſans bruit du camp des
Grecs & s'etant adreſſé aux ſentinel-
les, il leur dit qu'il avoit quelque
choze à communiquer à Ariſtide Général des Aténiens, qu'ils le fiſſent
venir. Ariſtide etant venu trez promtemant, cet inconnu lui dit: Je ſuis
Alexandre Roi des Macédoniens, qui
par l'amitié que j'ai pour vous, m'ex-
poze au plus grand de tous les dan-
gers, afin d'ampecher que la ſurprize
vous liant les mains ne vous faſſe combattre avec moins de valeur & de rezi-
ſtance; Car Mardonius eſt rézolu de
vous attaquer demain à la pointe du
jour: Ce n'eſt pas qu'il y ſoit porté
par aucune bonne eſpérance, ni par
aucune confiance bienfondée; Mais il
y eſt forcé par la dizette des vivres &
de fourages: Car même les Devins, en
lui annonſant les ſiniſtres prézages des
antrailles des victimes & les funeſtes ré-
ponſes des Oracles, tachent de le retenir & de le détourner de cette an-
tre-

treprize ; Mais c'eſt une néceſſité qu'il
tante la fortune du combat, ou, s'il
diſére plus long tems, qu'il voye mourir de faim toute ſon armée.

Alexandre ayant ainſi parlé, pria
Ariſtide de garder ce ſecret, d'en faire
ſon profit, & de ne le communiquer
à perſonne ; Mais Ariſtide lui répondit, qu'il ne feroit pas bien de le cacher à Pauſanias Généraliſſime de toute l'armée & lui promit qu'il n'en ou-
vriroit point la bouche à aucun des
autres oficiers avant le combat, & l'as-
ſura que la Grèce venant à être victo-
rieuze, il n'y auroit pas dans l'armée
un ſeul homme qui ne ſe ſouvint du
danger au quel il s'etoit expozé pour
eux en cette importante occazion ,
& de l'afection qu'il leur avoit témoi-
gnée.

Aprez cet antretien le Roi des Ma-
cedoniens reprit le chemin de ſon camp,
& Ariſtide alla ſur l'heure trouver Pauzanias dans ſa tante & lui dire tout ce
qu'il venoit d'aprandre. Tous les oficiers furent mandez, & on leur ordonna de mettre l'armée en bataille & de
ſe préparer au combat.

 Les

Les Capitaines commanſant à marcher à la tête de leurs bandes vers le nouveau camp qu'on avoit marqué, il ſe trouva que l'armée ne ſuivoit qu'avec peine & qu'il etoit trez dificile de la tenir anſamble; Car dez qu'elle fût ſortie de ſes premiers retranchemans, la plupart des troupes couroient vers la ville de Platées & tout etoit plein de confuzion, ces troupes débandées courant çà & là & tendant leurs pavillons par tout ou bon leur ſambloit, ſans ordre ni diſcipline.

Dans ce dèzordre & dans cette dezobéïſſance générale, il ariva que les Lacédémoniens furent laiſſez ſeuls derriere mais malgré eux : Car Amompharetus, qui les commandoit, homme plein de courage qui ne reſpiroit que les périls, qui depuis long tems bruloit d'anvie de combattre, qui ſuportoit trez impaſiamant les délais & les remizes dont on avoit uzé pour commanſer le combat, & qui apeloit hautemant cette marche vers le nouveau camp une dézertion & une fuite, dit qu'il ne quitteroit point ſon poſte, & qu'il demeureroit plutôt là tout ſeul avec ſa troupe
pour

pour attandre & pour soutenir tout
l'effort de Mardonius.

Pausanias l'alla trouver & lui repré-
zanta qu'il faloit obéïr à ce qui avoit
eté rézolu dans le conseil des Grecs ;
Mais Amompharétus levant avec ses
deux mains une grosse pierre la jetta
aux pieds de Pauzanias : Voila, lui
dit-il, ma balote pour le combat, &
je me moque de toutes les autres rézolutions & concluzions lâches & timi-
des de ce beau conseil.

Pauzanias etonné & ne sachant à quoi
se rezoudre, prit anfin le parti d'anvoyer vers les Aténiens, qui etoient
déja avançé vers le nouveau camp pour
les prier de l'atandre, afin qu'ils pus-
sent marcher ansamble en corps d'armée, & en même tems il continua son
chemin vers Platées avec le reste des
troupes, espérant que par là il obligeroit Amompharétus à suivre cet example & à quitter son poste pour les joindre & pour marcher avec eux.

Comme on etoit là le jour parut, &
Mardonius qui avoit eté averti que les
Grecs avoient abandonné leur camp,
aïant mis d'abord toute son armée en

bataille, marchoit déja contre les Lacédémoniens qui etoient les plus proches de lui, avec de grans cris & d'hor-
ribles hurlemans des barbares qui pansoient marcher bien moins pour combattre que pour dépoüiller des fuyards;
et il s'en falut bien peu que cela n'arrivât comme ils l'avoient pansé.

En efet Pauzanias aïant vû ce mouvemant de Mardonius, s'arrêta & commanda que chacun prit son poste; Mais
soit pour la colére dont il etoit trans-
porté contre Amompharétus, soit pour
la surprize de cette soudaine attaque
des Perses, il oublia de donner le mot
à ses troupes, d'ou il arriva qu'ils ne
furent en etat de combattre ni assez
tôt ni tous ansamble, mais par pelo-
tons & çà & là sans aucun ordre de bataille & ayant déja les ennemis sur les
bras.

Cependant Pauzanias, qui ofroit des
sacrifices, voïant que les antrailles des
victimes ne lui etoient pas favorables,
ordonna aux Lacédémoniens de mettre leurs boucliers à leurs pieds & de
demeurer là sans bouger, les yeux attachez sur lui & sans panser seulemant à

repouſſer les barbares qui arivoient contre eux; Et il continua d'immoler des victimes.

La Cavalerie ennemie avançant toujours, elle etoit déja à la portée du trait, & il y eut pluſieurs Spartiates bleſſez, entre autres Callicrates, l'homme le mieux fait, de la plus grande mine, & de la plus haute taille qui fut dans toute l'armée. Ce brave guerrier percé d'un trait & prèt à randre le dernier ſoupir, dit qu'il n'etoit pas faché de mourir, car il etoit parti de ſa maiſon dans le deſſein de donner ſa vie pour le ſalut de la Grèce, mais qu'il etoit faché de mourir ſans avoir donné un coup d'epée & ſans avoir temoigné ſon courage & ſa bonne volonté.

Si cette occazion etoit terrible, la fermeté des Spartiates fut ancore plus admirable; Car ils ne ſe defandoient point contre ces ennemis qui commanſoient à les preſſer, mais atandant le momant favorable que leur Général leur fit le ſignal pour prandre leurs armes, ils ſoufroient paſiamant d'etre les uns bleſſez, les autres tuez dans leur poſte.

Pau-

Pauzanias au dezespoir de ce qui se
passoit, & voyant que le Dévin antas-
soit victimes sur victimes, sans en trouver aucune de favorable, se tourna
tout à coup vers le Temple de Junon,
le vizage couvert de larmes, & levant
les mains il adressa cette priére à cette
Déesse Patrone de Citheron, & aux
autres Dieux tutelaires de la terre de
Platées & leur demanda, que si ce n'e-
toit pas l'ordre des destinées que les
Grecs fussent vainqueurs, au moins ils
ne perissent qu'aprez avoir vandu chè-
remant leur vie, & fait voir à leurs
ennemis par des axions dignes de mémoire, qu'ils etoient venus en Grèce
faire la guerre à de vaillans hommes
eprouvès dans les combats.

Pauzanias n'eut pas plutôt achevé
cette priére que les entrailles des victimes parurent favorables, & que les Dé-
vins lui annonserent & lui promirent
la victoire; Aussitôt l'ordre fut donné
à tous les chefs des Lacédémoniens de
marcher à l'ennemi, & en même tems
cette falange Lacédémoniene parut aux
yeux un seul corps comme d'une grande
bête feroce qui se hérissant, se prépare &
s'excite au combat. Les Perses virent
bien,

bien qu’il y aloit avoir là une furieu-
ze rézistance par des hommes qui ſe
défandroient juſqu’à la mort ; C’eſt
pourquoi ſe couvrans de leurs grans
boucliers ils tiroient leurs fleches contre les Lacédémoniens ; mais ceux-ci
marchant bien ſerrez & les pavois joints
tomboient ſur eux, leur arrachoient
leurs boucliers & à grans coups de piques qu’ils leur donnoient au travers
du vizage & de l’eſtomac, ils en jettoient à terre pluſieurs qui, aprez être
tombez, ne laiſſoient deſmarquer ancore
beaucoup de force & de courage, & de
ſe faire reſpecter. Car avec les mains
nuës ils ſaiziſſoient les piques des Lacédémoniens dont ils brizoient la plus
grande partie, & ſe rélévant anſuite &
recourant à leurs haches & à leurs e-
pées, ils combatoient avec beaucoup
d’acharnemant, & en les ſerrant de
prez, en arrachant leurs boucliers, &
en les prenant au corps ; ainſi ils fezoient une trez longue rézistance.

Les Aténiens demeurerent long tems
ſans s’ebranler, attandant toujours l’ordre des Lacédémoniens ; Mais ayant
antandu un grand bruit comme de gens
qui combatoient, & un oficier anvoié

R 5   par

par Pauzanias leur ayant dit les afaires qu'ils avoient fur les bras, ils fe mirent auffitôt en marche pour les aller fecourir, & comme ils traverfoient la plaine du coté ou ils antandoient le bruit, ceux de la Grèce qui tenoient le parti des Médes les rancontrèrent.

Dez qu'Ariftide les vit il s'avança & leur cria de toute fa force, prenant à témoin les Dieux des Grecs, qu'ils renonfaffent à cette guerre impié, & qu'ils ne s'opozaffent point aux Aténiens qui alloient au fecours de ceux qui expozoient les premiers leur vie pour le falut de la Grèce, mais voiant qu'ils ne l'ecoutoient pas feulemant & qu'ils marchoient à lui tête baisfée, il renonfa au desfein d'aller fécourir les Lacédémoniens, & avec fes feûles troupes il tomba fur ces Grecs qui etoient bien anviron cinquante mille.

La plupart fe débanderent & fe retirerent trez promtemant, fur tout dez qu'ils eurent appris que les Perfes avoient eté rompus & mis en fuite. Le plus fort de cette mêlée fut contre les Thébains dont les plus nobles & les plus confidérables avoient pris le parti des Médes, & comme ils avoient tou-

te l'autorité ils menoient leurs trou‑
pes malgré elles.

La bataille etant donq ainſi parta‑
gée en deux androits, les Lacédémo‑
niens furent les premiers qui de leur
coté rompirent & mirent en déroute
les Perſes. Mardonius même y fut
tué par un Spartiate nommé Arimnes‑
tus, qui luï fracaſſa la tête d'un coup
de pierre ; Les Medes ayant pris la
fuite, les Lacédémoniens les pouſſe‑
rent juſqu'au lieu qu'ils avoient anfer‑
mé dans une enceinte de bois au mi‑
lieu de leur premier camp, ou ils ſe
rétirerent.

Un momant aprez les Aténiens de
leur coté anfoncerent les Thébains &
les mirent en fuite, aprez en avoir tué
ſur la place trois cens des plus conſidé‑
rables. Comme ils les menoient ba‑
tant, un anvoyé des Lacédémoniens
vint leur apprandre que les Perſes s'é‑
toient anfermez dans ce fort de bois,
& que les Lacédémoniens les y aſſié‑
geoient : Sur ces nouvelles les Aténiens
laiſſant les Thébains ſe ſauver tout à
leur aize, marcherent au ſecours des
Lacédémoniens qui attaquoient le fort
& qui s'y prenoient fort molemant
comme

comme gens peu accoutumez à prandre des forts.

Les Aténiens etant arrivez attaquerent ce fort avec tant de vigueur & d'opiniâtreté qu'anfin aprez pluſieurs aſſauts ils l'amporterent, & firent un ſi grand carnage des Perſes, que de trois cens mille combatans qu'ils etoient, il ne s'en ſauvat que quarante mille avec Artabaze; Et du coté des Grecs qui avoient combatu pour leur Patrie, il n'y en eût que mille trois cens ſoixante de tuez.

De cette victoire panſa nâitre la dernière ruine des Grècs. Car les Aténiens ne voulant pas ceder aux Lacédémoniens le prix de la valeur, ni leur permettre de dreſſer en particulier un trophée, ils alloient décider ce diférant par les armes, & ſe porter les uns contre les autres aux dernières extrémitez, ſi Ariſtide par ſes bonnes raizons, par ſes remontrances & par ſa grande réputation n'eut adouci & rétenu les autres Généraux, ſur tout Locrates & Myronides & ne les eut perſuadez de remettre au jugemant des Grèqs la décizion de cette affaire. Les Grècs etant donq aſſamblez dans ce

lieu

lieu là même pour juger ce diférant, Teogiton de Mégare dit dans son avis, qu'il ne faloit ajuger ce prix de la valeur ni à Atènes, ni à Sparte, mais à une troizième ville, s'ils ne vouloient allumer une guerre civile plus funeste que la guerre étrangére qu'ils venoient de terminer.

Aprez lui Cleocrite de Corinte s'etant levé pour parler, personne ne douta qu'il n'allât demander cet honneur pour sa Patrie; Car Corinthe etoit la première ville de la Gréce en puissance & en dignité aprez la ville d'Atènes & celle de Sparte, mais on fut agréablemant trompé, quand on vit que son discours etoit tout antier à la loüange des Platéens, & qu'il conclut que pour éteindre cette dispute si dangereuze, il faloit leur décerner à eux seuls ce prix dont ni les uns, ni les autres des prétendans ne pouroient être jaloux ni fachez. Ce discours parut admirable & fût reçu avec beaucoup d'aplaudissemant: Aristide se rangea le premier à cet avis pour tous les Atèniens & aprez lui Pauzanias pour les Lacédémoniens.

Quand

Quand les Atèniens furent retour‑
nez chez eux, Aristide qui vit que le
peuple cherchoit par toute forte de
voye à s'amparer antièremant du Gou‑
vernemant, & à le randre abfolumant
populaire, fit réfléxion, que le peuple
méritoit quelque confidérafion à cauze
de la valeur qu'il venoit de témoigner
dans toutes les batailles qu'on venoit
de gagner, qu'il n'etoit pas aizé de le
contenir dans le tems qu'il etoit de‑
venu fier & hautain par fes victoires ;
Ainfi il fit un décret qui portoit, que
le Gouvernemant feroit commun à
tous les citoyens, & que les archon‑
tes feroient pris parmi tous les Atèniens
indiféranmant fans aucune diftinxion
ni préférance que celle que peut don‑
ner le mérite perfonel.

Témiftocle ayant dit un jour au peu‑
ple dans une affamblée, qu'il avoit for‑
mé un deffein qui feroit trez utile &
trez falutaire à la République, mais
qu'il etoit d'une telle importance qu'il
devoit être tenu fecret, le peuple lui
ordona de le communiquer à Ariftide
feul qui l'examineroit: Témiftocle s'ou‑
vrit donq à Ariftide & lui dit, qu'il
avoit panfé qu'on devoit bruler tous les
vais‑

vaiffeaux des autres Grecs & que par ce
moyen les Aténiens fe randroient les
maitres de la Grèce.

Ariftide ayant antandu ce projet ran-
tra dans l'affamblée, & dit aux Atèniens: *Le deffein que m'a communiqué
Témiftocle eft le plus utile qu'on puiffe jamais vous propozer, mais il eft en même
tems le plus injufte.*

Sur fon raport les Aténiens ordonnerent à Témiftocle d'y renonfer, tant
ce peuple aimoit la juftice, & tant ce
perfonaje avoit aquis fon eftime & fa
confianfe par fon grand fens & par fon
amour pour le bien publiq & pour la
vertu.

Quelque tems aprez il fut anvoyé
capitaine Général avec Cimon pour
faire la guerre aux Perfes en Azie. Là
voyant que Pauzanias & tous les autres
chefs des Spartiates traitoient tous les
alliez avec beaucoup de fierté & d'am-
pire, il afecla une conduite toute contraire. Car il vivoit avec eux fans
façon, avec beaucoup de douceur &
d'humanité. Cimon voïant le grand
fuccez de la conduite douce, modefte
& honnête que tenoit Ariftide, fe rézolut à l'imiter & devint gracieux, ac-
ces-

cessible à tout le monde & si équitable qu'il n'y avoit personne qui pût se plaindre de lui.

Par ce moyen Aristide, sans que personne s'en apersut, anleva peu à peu aux Lacédémoniens le commandemant Général des Grecs, non à force de troupes, de navires ou de chevaux ; mais à force de douceur & de saje conduite. Car les Atèniens etant déja trez agréables aux autres Grecs par la justice d'Aristide & par la douceur de Cimon, l'avarice de Pauzanias & sa sévérité outrée les leur firent ancore plus dézirer pour leurs chefs.

En cette occazion parut dans tout son jour la magnanimité de Sparte ; Car voyant que ses Généraux s'etoient corrompus par le mauvais uzage de leur puissance, elle rénonsa d'elle même au commandemant Général des Gres, elle révoqua ses Généraux, aimant beaucoup mieux avoir des citoyens sages, modestes & rigides Observateurs de ses loix & de ses coutumes, que d'avoir l'honneur de commander à toute la Grèce.

Pandant que les Lacédémoniens avoient le commandemant, tous les

Grecs

Grecs peyoient une certaine taxe pour la guerre ; Mais alors, pour faire que cette taxe fut inpozée ſur toutes les villes avec plus de proporſion des revenus de chacun, ils demanderent aux Atèniens Ariſtide , & le chargerent d'examiner les terres & revenus des Alliez , & d'inpozer anſuite à chaque République ce qu'elle devoit peyer raizonablemant, ſelon ſes forces.

Ariſtide revêtu de cette grande autorité qui le randoit comme maitre de toute la Grèce, n'en abuza point. Il y antra pauvre & n'en ſortit que pauvre. Il fit cette inpozition non ſeulemant avec beaucoup de dezintéreſſemant & de juſtice, mais ancore avec beaucoup d'humanité & d'égalité ſans fouler perſonne, de manière que, comme les Anciens ont loüé le ſiècle de Saturne pour l'équité & la juſtice qui y regnoient , les Alliez des Atèniens vanterent ſur tout & célébrerent cette impozition d'Ariſtide, en apelant ce ſubſide ſi bien proporſioné , *le bonheur de la Grèce* , loüange qui parut ancore mieux méritée, lorſque cette impozition doubla & même tripla dans la ſuite ſans faire crier perſonne.

L'inpozition d'Ariſtide pour toute la Grèce ne montoit qu'à quatre cens ſoixante talans, ou quatre cens ſoixante mille onces d'argent, mais bientôt aprez Periclés l'augmanta preſque d'un tièrs. Car Thucidide écrit, qu'au commancemant de la guerre, les Atèniens retiroient de leurs aliez ſix cens talans, & aprez la mort de Périclés ceux qui gouvernoient le peuple la porterent peu à peu juſqu'à treize cens, non que la guerre fut devenuë plus ruineuze par ſa longueur, ou par les divers accidens de la fortune, mais parce que ceux qui gouvernoient Atènes accoutumerent le peuple à recevoir des distribuſions de déniers, à célébrer des jeux, à faire faire de beaux tableaux & de belles ſtatues, & à bâtir des temples magnifiques.

Ariſtide ayant aquis une réputaſion admirable par la juſtice de cette inpoziſion, & ſur tout par le dezintéreſſemant qu'il y avoit marqué, on dit que Témiſtocle ne faiſoit que ſe moquer de ces loüanges, & qu'il diſoit en raillant ſur la probité & ſur le dezintéreſſemant d'Ariſtide : Que *les loüanges qu'on lui donnoit de ce coté là n'etoient*
pas

pas les loüanges destinées pour un homme, mais bien pour un cofre fort qui
garde fidélemant l'argent qu'on lui confie
sans en rien retenir. Cette raillerie ne
le vangeoit que foiblement du trait
qu'Aristide lui avoit lancé quelque
tems auparavant, & dont il avoit eté
fort piqué. Car Témistocle disant,
qu'il estimoit que la plus grande qualité d'un Général d'armée etoit de savoir pressantir & prévoir les desseins des
ennemis : *C'est assurémant une qualité
nécessaire,* repartit Aristide, *mais il y
a ancore une autre dont vous ne parlez
point, qui est trez belle & trez digne d'un
grand Général, c'est d'avoir les mains net-
tes, & de ne se laisser pas dominer par l'argent.*

Aristide, ayant règlé tous les Articles
de l'Aliance antre les Républiques Grèques, fit jurer tous les alliez qu'ils les
observeroient de point en point; il
jura lui même pour les Atèniens, en
prononçant les malédixions qui ac-
compagnoient les sermans, il jetta dans
la mer des masses de fer toutes arden-
tes.

Mais dans la suite les affaires forsant
les Atèniens à violer quelques uns de

  ces

ces articles, & àgouverner un peu plus
despotiquemant & contre les formes
préfcrites, il les exhorta à réjetter|fur
lui les maledixions qu'il avoit pronon-
cées, & à fe décharger ainfi de la pène
duë au crime d'un parjure que la né-
ceffité de leurs afaires exigeoit néces-
fairemant qu'ils commiffent alors.

Théophrafte ecrit que cet homme,
qui dans tout ce qui le regardoit en
particulier, & dans toutes les afaires
qu'il jugeoit antre les citoyens, etoit
fouverainemant jufte, fezoit pourtant
dans le Gouvernemant de la République plufieurs chozes felon l'exigence
des cas, & felon qu'il etoit utile à la
Patrie, qui avoit fouvant bezoin de récourir à une forte d'injuftice pour fe
foutenir, & il en raporte des exam-
ples. Car il ecrit, qu'un jour, comme
il délibéroit dans le Confeil de faire
porter à Atènes, contre le traité que
cette ville avoit figné, les trézors de
la Grèce qui etoient en dépot à Délos,
les Samiens en ayant propozé l'avis,
quand ce fût à lui à parler, il dit, que
cela etoit injufte mais néceffaire au falut de la Grèce. On peut juger de
là qu'il avoit pour maxime fondaman-
tale

rale, que *la loi ſuprême d'un Etat c'eſt la conſervaſion de cet Etat. Salus populi ſuprema lex eſto.*

Cepandant aprez avoir élévé ſa ville au degré d'honneur & de gloire de commander à tant de miliers d'hommes, il ne laiſſa pas de demeurer jusqu'à ſa mort dans ſon ancienne pauvreté, & de n'eſtimer pas moins la gloire qui révenoit de cette pauvreté que celle que lui avoient aquize tous ſes trophées, & en voici une preuve.

Callias, homme riche, etoit de ſes parans : Quelques ennemis qu'il avoit le pourſuivoient en juſtice & prétandoient le faire condamner à mort. Le jour que l'affaire fût jugée ils prouverent aſſez foiblemant les chefs d'accuzation dont il s'agiſſoit, mais ils s'etandirent beaucoup ſur une choze etrangère au procez & dirent aux Juges : Vous connoiſſez Ariſtide fils de Lyzimachus qui eſt avec juſtice l'admiration des Grecs pour ſa vertu, & pour ſa grande ſageſſe : Quelle vie panſez vous que ce pauvre homme méne dans ſa maizon, quand vous le voyez venir tous les jours dans vos aſſamblées avec un méchant habit tout

 uzé ?

uzé? N'y a t'il pas grand ſujet de croi‑
re que celui qui tremble aınſi de froid
en publiq, meurt de faim en particu‑
lier, & qu'il manque des chozes les
plus nêceſſaires: C'eſt cet homme que
Callias ſon couzın germain & le plus
riche des Atèniens abandonne abſolu‑
mant, & laiſſe dans une afreuze miſére
avec ſa ſemme & ſes anfans, quoı qu'il
ait reçu de lui de grans ſervices, &
qu'en pluſieurs rancontres il ait tiré
ſeul tout le fruit du grand crédit qu'il
a auprez de vous?

Callias voïant ſes juges plus aigris
& plus emus de ces reproches que des
crimes capitaux dont on l'accuzoit,
& craignant quelque mauvais eſet de
cette aigreur, alla chercher Ariſtide,
& le conjura de lui randre ce temoi‑
gnage devant les juges; „ Que trez
„ ſouvant il luı avoit non ſeulemant
„ oſert de l'argent, mais ancore qu'il
„ l'avoit extrémemant preſſé de le
„ prandre, & qu'il l'avoit toujours
„ opiniâtrémant reſuzé, en lui diſant
„ en propres termes: Il convient an‑
„ core plus à Ariſtide de ſe faire hon‑
„ neur de ſa pauvreté, qu'à Callias de
„ ſe faire honneur de ſes richeſſes. Il n'y

„ a propremant que ceux qui font pau-
„ vres malgré eux qui aïent honte de
„ leur pauvreté.

Ariftide ayant randu aux juges ce témoignage à Callias, il fût abfous ; Et il n'y eut perfonne qui ne fortit de l'affamblée avec beaucoup plus d'eftime & d'admirafion pour la grande pauvreté d'Ariftide que pour les grandes richeffes de fon couzin.

Parmi les Hommes Illuftres d'Atènes Platon ne trouve qu'Ariftide feul digne d'eftime ; Car pour *Témiftocle*, *Cimon & Periclés*, difoit il, ils ont à la vérité rampli leur ville de portiques, de Temples magnifiques & d'autres telles vaines fuperfluitez durant leur gouvernemant, mais pour Ariftide dans fon Gouvernemant, il a toujours fait beaucoup plus de cas de la juftice que de la magnificence.

On trouve ancore de grandes marques de fa bonté & de fa douceur dans la conduite qu'il eut avec Témiftocle; Car l'ayant toujours eu pour ennemi dans tout le tems de fon adminiftra-tion, & ayant eté même banni par fes ménées, cependant quand Témiftocle, accuzé de crime capital anvers fa Patrie,

S 4

lui

lui eut donné une belle occazion de ſe vanjer, il ne ſe reſſantit point des maux qu'il en avoit reçu; Il ne ſe joignit point à Alemœon & à Cimon qui avec pluſieurs autres le pourſuivoient, & travailloient à le faire condamner. Il ne dit jamais contre lui une ſeule parole, & comme il ne s'etoit jamais afligé de ſa grande fortune, il n'eut aucun mouvemant de joye de ſes malheurs.

On montre à Phalère le tombeau d'Ariſtide que la ville lui fit éléver à ſes frais, parce qu'il n'avoit pas laiſſé de quoi ſe faire enterrer. Ses filles furent mariées aux dépans du Prytannée, ou trézor publiq; La ville d'Atènes ſe chargea de les doter, & leur ayant ordonné à chacune trois mille Drachmes, ou trois mille Ecus pour dot, elle donna auſſi à ſon fils Liſimachus cent mines d'argent, autant d'arpans de terre plantée, & lui ordonna ancore quatre Drachmes par jour, & ce fut Alcibiade qui ſe fit habilemant honneur d'en propozer & d'en dreſſer le decrèt.

Liſimachus ſon fils etant mort, & ayant laiſſé une fille nommée polycri-
te,

te , le peuple ordonna auſſi à cette fille le même antretien qu’on donnoit à ceux qui avoient vaincu aux jeux Olympiques. Telle fut parmi tous les Atèniens leur admiraſion pour la vertu d’Ariſtide, & leur reconnoiſſance pour les ſervices qu’ils en avoient reçus.

OBSERVASIONS
Sur le Caractère
d’ARISTIDE & de TEMISTOCLE.

Il y à ſept ou huit Grans Hommes chez Plutarque qui paroiſſent plus grans que les autres : En voici quatre : Epaminondas & Ariſtide chez les Grecs, Scipion & Caton chez les Romains.

S’il y a parmi les anciens tant d’Hommes Illuſtres, & ſi peu de Grans Hommes, c’eſt que pour faire un Grand Homme, il faut raſſànbler grand nombre de qualitez rares par elles mêmes. Il faut un grand génie, un courage grand & conſtant, un grand amour pour la juſtiçe & pour la bienfaizance.

Grand génie, pour de grans talans & pour imaginer des antreprizes trez uti-

les

les au publiq, & pour trouver les moyens les plus propres pour en surmonter les dificultez.

Grand courage, pour surmonter les
perils, & grande constance pour surmonter les pènes, les travaux, les dificultez qui rénaissent souvant dans les
grandes & longues antreprizes, & qui
ont coutume de porter les hommes au
découragemant.

Anfin grand dézir de surpasser de beaucoup ses pareils, lors qu'il est ques-
tion de procurer de grans bienfaits, ou
aux hommes en général, ou à sa Patrie
en particulier.

Avec un grand génie, mais sans courage, on peut être inutile à sa Patrie par
paresse ou par molesse.

Avec un grand génie & avec un grand
courage, mais sans justice, on peut être
un grand scélérat, & cauzer de grans
malheurs aux hommes en général & à
sa Patrie en particulier, témoin Cezar.

Mais si à un grand génie & à un
grand courage vous ajoutez un grand
dézir d'être fort estimé & fort aimé
pour de grans bienfaits, soit anvers les
hommes en général, soit anvers la Patrie en particulier: Voilà de quoi se forment

ment les véritables Grans Hommes.

Un homme trez vertueux, c'eſt à dire trez juſte & trez bienfaizant, mais ſans grand génie, ſans grans talans peut être boncitoyen, peut être un Saint, mais non pas Grand Homme, ni grand Saint.

De tous les Hommes Illuſtres de Plutarque, Ariſtide me paroit le plus vertueux. Témiſtocle paroit à la vérité ſupérieur en talans pour la guerre, & aparanmant que les Atèniens & les Perſes en jugeoient ainſi, mais les Ateniens trouvoient Ariſtide fort ſupérieur en vertu, & rien ne le prouve mieux que le beau nom de *juſte* qu'ils lui donnerent & qui lui eſt reſté.

Tous deux furent bannis du ban d'Oſtraciſme, qui avoit eté originairémant inſtitué à Atènes, pout éviter que le plus accredité dè la République n'en devint à la fin le Roi, & ne changeat la forme du Gouvernemant républicain, ou tout ſe décidoit à la pluralité des voi, en gouvernemant deſpotique héréditaire, ou tout ſe décide par l'avis d'un ſeul homme qui n'eſt pas ſouvant ſufizanmant inſtruit.

Ce ſoupſon pouvoit tomber ſur Témiſtocle moins vertueux qu'Ariſtide ;
Mais

Mais il ne devoit jamais tomber fur un homme connu de tout le monde pour parfaitemant jufte, puifque la juftice s'opoze évidanmant à toute uzurpafion.

Cependant la jalouzie des grans de la République qui gouvernoient le peuple par leurs flateries, & qui fe voyoïent obfcurfis par la grande réputafion de vertu & par le grand crédit d'Ariftide, cette jalouzie jointe à leur grand crédit, fût fufizante pour le faire bannir.

Ce qui prouve que Témiftocle avoit beaucoup moins de vertu qu'Ariftide, c'eft qu'il avoit un fcélérat parmi fes amis, c'etoit Pauzanias l'Atènien, & que ce fcélérat ne le crut pas incapable d'aprouver fa confpiration, puifqu'il la lui communiqua, croyant qu'il pouroit y antrer, opinion qu'il n'avoit garde de prandre d'Ariftide.

Jamais Témiftocle banni n'eut eté capable, en quittant Atènes, de faire aux Dieux la même prière que fit Ariftide : *Pleize aux Dieux*, dit-il, *que ma Patrie ne foit jamais affez malhureuze pour avoir bezoin de me rapeler* ; Et cependant dans cette Patrie etoient tous les perfécuteurs injuftes d'Ariftide ; Or à dire

la

la verité, je ne fai rien qui marque plus de grandeur d'ame qu'un pareil fouhait.

Une autre qualité qui ne me paroit pas moins admirable dans Ariftide, c'eft la conftance qu'il à eüe de garder toute fa vie là première pauvreté, lui qui avoit eu fi long tems le manimant de tous les revenus de fa Ré-publique & de toute la Grèce, à qui on avoit ofert des prézans, & qui meurt cepandant dans fa première pauvreté, fans laiffer ni dot à fes filles, ni heritage à fon fils, ni de quoi faire les frais de fes funerailles; De forte qu'il faut que le peuple d'Atènes donne comme par aumône de quoi vivre à fes anfans; C'eft qu'Ariftide etoit d'une vertu fi élévée, qu'il ne vouloit rien devoir à perfonne: On fait combien Témifto-cle etoit eloigné de cette grande jufti-ce & de cette haute nobleffe.

Il faut un grand courage & bien conftant, pour rézifter ainfi toute fa vie au dézir des richeffes, avec les quelles néanmoins on aquiert un fi grand lu-ftre, un fi haut pied d'eftal parmi les hommes du commun qui ne font cas que d'un luftre anprunté; Or combien etoit

grand

grand à Aténes le nombre des mauvais
eſtimateurs du mérite & du bonheur, en
comparaizon du petit nombre de bons
connoiſſeurs & de ces bons eſtimateurs
qui fezoient cas d'une pauvreté volon-
taire qui n'etoit à charge à perſonne &
qui etoit utile à tout le monde.

Quelques gens trouvent mauvais
qu'Ariſtide n'ait pas laiſſé ſa famille riche ; Mais ils ne ſavent pas que l'homme fort juſte, quoi que dans de grans
amplois, ne ſauroit faire de grace, &
qu'il ne peut diſpozer des fonds du publiq que pour la plus grande utilité de
ce même publiq. Il n'a donq pu laiſſer
à ſa famille qu'une partie de la grande
conſidéraſion qu'il avoit aquize par ſa
vertu, & n'eſt ce pas cette conſidéraſion qui excita ſoixante ans aprez, Alcibiade à ſe faire honneur de ſoliciter les
panſions qu'il obtint du peuple d'Atènes pour les petits anfans de cet homme
ſi juſte.

J'ai vû d'autres perſonnes qui ſouhai-
toient beaucoud plus l'eclat de la fortune de Témiſtocle, que la grande conſidéraſion & la grande eſtime que l'on avoità
Atènes pour la grande vertu d'Ariſtide,
& qu'il etoit vrai que Témiſtocle avoit
me-

mené une vie plus mêlée de biens & de maux, mais, à tout prandre, beaucoup plus éclatante & plus hureuze que celle d'Aristide.

Mais ces persones pouroient bien se tromper, parce qu'ils ne mettent pas dans la balance, ni les grans chagrins de Témistocle, ni le grand nombre de plézirs journaliers que la grande réputasion d'Aristide lui fit gouter toute sa vie sans aucun chagrin, car son banissemant même fut pour lui une distinxion trez flateuze que lui atiroit la supériorité de sa vertu de la part de ses concitoyens. Or quelle situasion peut nous raporter plus de joyes & de plézirs que de se voir tous les jours plus estimé & plus aimé qu'aucun de ses pareils par tous ceux avec qui nous avons à vivre, & sur tout par les plus gens de bien & par les meilleurs connoisseurs.

Au reste je ne prans Témistocle que comme Illustre, mais je regarde Aristide comme Grand Homme.

Lettre à Madame Dupin.
Voila, Madame, Aristide & Témistocle dont j'ai commancé la vie dans ce charmant séjour que vons habitez. Vous les trouverez écrites suivant ce nouveau
plan

plan que je vous propozai un jour sur les bords du Cher dans une de nos promenades Philozofiques ou vous trouviez tant de plézir.

Je me souviens que la raizon, qui faisoit que vous estimiez si fort ce nouveau plan, c'etoit qu'il ressambloit davantage à ce qu'il y avoit de plus agréable & de plus sansé dans Plutarque sur les jugemans qu'il fait des axions des hommes.

J'avouë que j'eus une grande joye de voir ainsi qu'à votre age, & avec les charmes de la jeunesse, vous etiez capable d'estimer le *sansé*, lorsque tout ce qui vous anvironne n'estime que *l'agréable* prézant, au lieu que *l'utile* ou *le sansé* ne regarde que *l'agréable futur*.

Je ferai bientôt, à ce que j'espére, inprimer ce petit ouvraje avec le discours que j'ai fait autrefois sur *la diférance qui est antre Grand Homme & Homme Illustre*; & que j'ai revû dépuis peu, mais il m'a paru juste de vous faire homage de ce qui vous apartient, & de vous l'anvoyer manuscrit, afin que vous puissiez y retrouver plusieurs de vos pansées, en vous promenant seule à Chenonceaux dans votre petite allée solitaire que j'apelois, ma promenade favorite.

F I N.